庫

生きる言葉

天理教教祖の教え

道友社編

天理教道友社

【目次】

この道は……（信心とは）　5
この屋敷は……（ぢば・親里）　29
雨降るのも神……（親神様の守護）　49
人を救《たす》けたら……（おつとめ、おたすけ）　83
やさしい心に……（心の持ち方）　115
働くというのは……（日々の通り方）　143
さくいん　177

●本書の内容は、立教百五十一年（一九八八年）六月から百五十四年十二月まで、『天理時報』に「おやのことば」と題して連載したものです。
●お言葉のあとに、第○章「　」とあるのは『稿本天理教教祖伝』、それ以外は『稿本天理教教祖伝逸話篇』の出典を表します。
●解説文中の引用文には、それぞれ「教祖伝」「逸話篇」と略しました。

この道は……

（信心とは）

神《かみ》さんの信心《しんじん》はな、神《かみ》さんを、産《う》んでくれた親《おや》と同《お》んなじように思《おも》いなはれや。そしたら、ほんまの信心《しんじん》が出来《でき》ますで。

一〇四「信心はな」

親神様は「人間がわが子に意見することを考えてみよ、腹が立つのもかわいいゆえからであろう」「おや（親神様）の思案というのは、わが子（人間）をたすけることばかり思っている」（おふでさき）と厚い親心。だから人間はただ、おやを信じ安心してついていく、そんな姿勢が大切である、と。

大《おお》きな河《かわ》に、橋杭《はしぐい》のない橋《はし》がある。……そこを一生《しょう》懸《けん》命《めい》で、落《お》ちないように渡《わた》って行《い》くと、宝《たから》の山《やま》がある。

一七一「宝の山」

「山の頂上に上《の》ぼれば、結構なものを頂けるが、途中でけわしい所があると、そこからかえるから、宝が頂けないのやで」と続く。豊かさの中、手近な幸せに甘んじ、真の幸せ、本当のたすかりを求めて努力する人がいないと、親神様も勇みようがない。橋杭のない橋とは、つり橋のことか。

頂上《ちょうじょう》は一《ひと》つやけれども、登《のぼ》る道《みち》は幾筋《いくすじ》もありますで。
どの道《みち》通《とお》って来《く》るのも同《おな》じやで。

一〇八「登る道は幾筋も」

三十年来、ある信仰にすがってたすからなかった胃病を、真実の神様の話を心に納めてご守護頂いた人に、「あんた、富士山を知っていますか」と諭されたお話。どこの詣《まい》り所、願い所の信心をしようとも、元の神・実の神の教えに行き着く道を歩むことの大切さを教えられる。

この道《みち》は、智恵《ちえ》学問《がくもん》の道《みち》やない。来《く》る者《もの》に来《き》なと言《い》わん。来《こ》ぬ者《もの》に、無理《むり》に来《こ》いと言《い》わんのや。

一九〇「この道は」

知識や教養は大切だが、それだけで信仰は語れない。ともすると人間は、自分の持つ知識の尺度に合わないものは排斥しがちだが、神様の世界は違う。すべての人間は、みなかわいいわが子、「一列を一人も余さず救《たす》けたいのや」（教祖伝・第六章）との切なる思い。救いの道は万人に開かれている。

人言伝《ひとことづ》ては、人言伝《ひとことづ》て。……人《ひと》の口《くち》一人《ひとり》くぐれば一人《ひとり》、二人《ふたり》くぐれば二人《ふたり》。人《ひと》の口《くち》くぐるだけ、話《はなし》が狂《くる》う。

一六七「人救《たす》けたら」

加見兵四郎《かみひょうしろう》（のち東海《とうかい》大教会を築く）が失明し妻をおぢばへ代参させたときのお言葉。「よって、本人が出て来るがよい」と。この話を聞いた兵四郎は「なるほど、そのとおりや」と心から納得し、十六キロの道のりを妻に手を引いてもらっておぢばへ。二時間に及ぶじきじきのお話に心震わせた。

どうでも、人《ひと》を救《たす》けたい、救《たす》かってもらいたい、という一心《しん》に取《と》り直《なお》すなら、身上《みじょう》は鮮《あざ》やかやで。

一六七「人救けたら」

（承前）加《か》見《み》兵《ひょう》四郎《しろう》の目に光は戻ったが完治でなかった。再び教祖《おやさま》に伺うと、失明は信仰の道への手引き、その「手引きがすんで、ためしがすまんのやで。ためしというは、人救けたら我が身救かる、という」と冒頭のお言葉を頂く。兵四郎は即実行して完治を得た。身上＝病気。

この道《みち》は、身体《からだ》を苦《くる》しめて通《とお》るのやないで。

六四「やんわり伸ばしたら」

とかく宗教には修行がつきもの。食を断ち、冷水に打たれ、からだの限界に身を置くのも修行の一つ。しかし、からだは神からの借りもの。それなら使い方も変わる。「この神様は、可愛《かわい》い子供の苦しむのを見てお喜びになるのやないねで」「子供の楽しむのを見てこそ、神は喜ぶのや」（逸話篇・一六一）。

先《さき》は永《なが》いで。どんな事《こと》があっても、愛想《あいそう》つかさず信心《しんじん》しなされ。先《さき》は結構《けっこう》やで。

六八「先は永いで」

信仰するうちには、さまざまな出来事が生起する。ときには不信に陥ることもあろう。だが「日々《にちにち》にようぼくにては手入れする、どこが悪《あ》しきとさらに思うな」（おふでさき）とも教えられる。喜びを見いだす道がたんのう。「たんのうせよ、たんのうせよ。後々《あとあと》は結構なことやで」（逸話篇・二一一）――おやの声が響く。

ゆるして下《くだ》さいとお願《ねが》いして、神様《かみさま》にお礼申《れいもう》していたらよいのやで。

一九九「一つやで」

脹満《ちょうまん》という病気で苦しみ悩む人が訪ねてきた。「きっと救《たす》けて下さるで。心変えなさんなや。なんでもと思うて、この紐《ひも》放しなさんなや」と。だれが悪いのでもない、ただひと言おわびし、神にしっかりもたれて、生かされているお礼の心を忘れなければ、それでよいのや、とおっしゃる。深いご慈愛。

下《した》から道《みち》をつけたら、上《うえ》の者《もの》も下《した》の者《もの》も皆《みな》つきよいやろう。

二八「道は下から」

お道のことを思って、ある人が、「道も高山《たかやま》につけば、一段と結構になりましょう」と申し上げたのに対して、「上から道をつけては、下の者が寄りつけるか」うんぬんと。高い山の頂《いただき》にいて、ここまで登ってこい、とはおっしゃらなかった。人々と共に歩み、共に登ろうとされた。それが教祖《おやさま》の道。

人《ひと》がめどか、神《かみ》がめどか。神《かみ》さんめどやで。

一二三「人がめどか」

「めど」は目標の意。信仰の道を志そうとしても、周囲の悪口雑言《あっこうぞうごん》に決心がぐらつくときもある。それに対して「神が見ている気を静め」（みかぐらうた）とおっしゃる。「人が何《な》んと言うても、言おうとも、人の言う事、心にかけるやない程に」（逸話篇・四七）とも。この信仰の道は親神様の教えが唯一、絶対。先を楽しむ心が大事。

一代《だい》より二代《だい》、二代《だい》より三代《だい》と理《り》が深《ふか》くなるねで。理《り》が深《ふか》くなって、末代《まつだい》の理《り》になるのやで。

九〇「一代より二代」

一代の信仰は子、孫へと受け継がれてこそ末代続く喜びを見せていただけるが、一代限りの信仰だけでは楽しみがない。「神様はなあ、『親にいんねんつけて、子の出て来るのを、神が待ち受けている。』と、仰《お》っしゃりますねで」と。子弟育成、「家族そろって教会へ」の大切さがここにも。

真実《しんじつ》に聞《き》かしてもらう気《き》なら、人《ひと》を相手《あいて》にせずに、自《じ》分《ぶん》一人《ひとり》で、本心《ほんしん》から聞《き》かしてもらいにおいで。

一一六「自分一人で」

教祖《おやさま》のお話を聞かせてもらおうと、居合わせた人が他に連れを誘って行くと、そんなときは決まって快くお話しくださらなかったという。信仰は一名一人《いちにん》。一人ひとりが自発的に求めて心を磨くことを一番に願われている。いま、おぢば帰り、ひのきしんのもう一つの意味としても心したい。

この道《みち》は、人間心《にんげんごころ》でいける道《みち》やない。天然自然《てんねんしぜん》に成《な》り立《た》つ道《みち》や。

一七「天然自然」

人はとかく結果を急ぐあまり、知恵や力に頼りやすい。天然自然とは、旬《しゅん》に種をまき、芽が出たら肥料を置いて丹精し収穫が得られるもの。それには時間と手間がかかる。信仰も同じ。植物の成長にいくつもの節目があるように、難しい局面（ふし）を乗り越えてこそ本物になる。

貧《ひん》に落《お》ち切《き》れ。貧《ひん》に落《お》ち切《き》らねば、難儀《なんぎ》なる者《もの》の味《あじ》が分《わ》からん。

四「一粒万倍《りゅうまんばい》にして返す」

「水でも落ち切れば上がるようなものである。一粒万《りゅうまん》倍《ばい》にして返す」と続く。教祖《おやさま》のひながたの道は、貧に落ち切る歩みから始まっている。「表門構え玄関造りでは救《たす》けられん」（逸話篇・五）と。物質文明の華やかないま、難儀なる者の苦悩をわかる努力、共感が求められている。

人間《にんげん》の義理《ぎり》を病《や》んで神《かみ》の道《みち》を潰《つぶ》すは、道《みち》であろうまい。

七四「神の理を立てる」

この信仰の道は、親神様が教祖《おやさま》に入り込んでつけられた「たすけ一条」の道、誠の道。世間への気がね、遠慮は道を取りつぶすことになる。そして「人間の理を立てていでも、神の理を立てるは道であろう」と。草創の時代の迫害干渉が消えた今日、教えどおりの道が途切れぬ努力を忘れまい。

信心《しんじん》は、末代《まつだい》にかけて続《つづ》けるのやで。

四一「末代にかけて」

親に信仰心があるからといって、子が信仰心篤《あつ》いとは限らない。信仰は一名一人《いちにん》のもの。財産を譲り渡し譲り受けるようにはいかない。が、信仰のこころを受け継ぐことはできる。この教えの道は、末永く子々孫々に伝えたい。

理《り》が続《つづ》いて、悪《あく》いいんねんの者《もの》でも白《はく》いいんねんになるねで。

九〇「一代より二代」

「一代より二代、二代より三代と理が深くなるねで。理が深くなって、末代の理になるのやで」とも。かんろだい世界実現は、同時代の人々のたすけ合い、そして子孫に続くいんねんの切り替え、つまりヨコとタテの壮大なスケールの共同作業によって。

夫婦《ふうふ》揃《そろ》うて信心《しんじん》しなされや。

九二「夫婦揃うて」

「夫婦の心が台」（逸話篇・一八九）、「ふうふそろうてひのきしん」（みかぐらうた）ともいわれる。夫婦の治まりが世のすべての治まりのもとだが、「親子でも夫婦の中も兄弟も、みなめいめいに心違うで」（おふでさき）。個々の心を大切にして。

しっかり踏《ふ》み込《こ》め、しっかり踏《ふ》み込《こ》め。末代《まつだい》にかけて、
しっかり踏《ふ》み込《こ》め。

四一「末代にかけて」

人生は〝欠け〟だと思い、精進した画家がいた。足りないところを埋めようとどこまでも妥協しない姿勢から数々の芸術品を生んだ。信心も、これだけやれば十分という一線を知らないのが、本当の信心。常に謙虚に道を求め親心を温めて、地固めしたい。

何《なに》を聞《き》いても、さあ、月日《つきひ》の御働《おんはたら》きや、と思《おも》うよう。

一八五「どこい働きに」

自分に嫌《いや》なこと、都合の悪いことが起こってきても、この世は「神のからだ」やと思い、ああ、月日親神様が私を、私の心を磨いてくださっていると悟ることができれば、まさに信心の境地というもの。「これを、真実の者に聞かすよう」と。

この道《みち》は、夫婦《ふうふ》の心《こころ》が台《だい》や。

一八九「夫婦の心」

夫婦は社会の基本、社会の治まりのもと。「ぢいとてん（地と天）」「ふたりのこゝろ」「ふうふそろうて」（みかぐらうた）とも歌われている。その「ふたり」の真実が尊い。異なるもの同士が補い合い、力を合わせて新たないのちを生み出すのも夫婦、「ふたり」だ。

この屋敷は……

（ちば・親里）

まあまあ、こんな日《ひ》にも人《ひと》が来《く》る。なんと誠《まこと》の人《ひと》やなあ。ああ、難儀《なんぎ》やろうな。

四四「雪の日」

猛吹雪の中、大阪から帰ってくる一婦人の辛苦の道中を見すかしてのお言葉。一途《いちず》にぢばを求めるがあまりの、こんなおぢば帰りもあった。「あちらにてもこちらにても滑って、難儀やったなあ」、それでも「その中にて喜んでいたなあ」と、ぬくもりのひと言。困難の中で喜ぶ、これぞ誠と。誠は天に届く。

多《おお》く寄《よ》り来《く》る、帰《かえ》って来《く》る子供《こども》のその中《なか》に、荷作《にづく》りして車《くるま》に積《つ》んで持《も》って行《い》くような者《もの》もあるで。

七九「帰って来る子供」

「又《また》、破れ風呂敷《ぶろしき》に一杯入れて提《さ》げて行く人もある。うちへかえるまでには、何《な》んにもなくなってしまう輩《やから》もあるで」と続く。ぢばはたすけの根源。いわば宝の山。どれだけの宝を頂いて国の土産にするかは、おぢば帰りをする人の心次第。喜びの大小と言うべきか。

この屋敷《やしき》は、先《さき》になったらなあ、廊下《ろうか》の下《した》を人《ひと》が往《ゆ》き来《き》するようになるのやで。

六一「廊下の下を」

「今に、ここら（親里）辺《あた》り一面に、家が建て詰むのやで」（逸話篇・九三）、あるいは海を渡っておぢば帰りした人に、「一夜の間《ま》にも、寝ていて帰れるようになる」（同・一七五）など予言的なお言葉も少なくないが、単なる予言とは言い切れない。教祖《おやさま》は、人々に先の楽しみを味わわしめ、将来へ夢を持たせて導かれるのが常であった。

よいもの食《た》べたい、よいもの着《き》たい、よい家《いえ》に住《す》みたい、とさえ思《おも》わなかったら、何不自由《なにふじゆう》ない屋敷《やしき》やで。

七八「長者屋敷」

「これが、世界の長者屋敷やで」と。ここでいう「屋敷」とは親里の意。陽気ぐらしは環境・条件に左右されない。むしろ、欲の心を一つひとつ捨てていくところに始まる。現今の世界の状況――深刻な環境汚染、富のアンバランスなどを見るにつけ、自らの足元から振り返る必要があろう。

あっちこっちとえらい遠廻《とおま》わりをしておいでたんやなあ。……ここへお出《い》でたら、皆《み》んなおいでになるのに。

一〇「えらい遠廻わりをして」

夫の病を治そうと、近辺のあらゆる詣《まい》り所、願い所に足を運んでいた婦人へのお言葉。世間に神を祀《まつ》る場所は数々あるが、それらは手に例えれば「指一本ずつの如《ごと》きもの」。ここ、人間はじめた親里ぢばは「両手両指の揃《そろ》いたる如きもの」（いずれも逸話篇・一七〇）。守護のすべてはここにある。

ここは、人間《にんげん》はじめ出《だ》したる元《もと》の屋敷《やしき》である。

一八二「元の屋敷」

親神様が顕現せられ、教えられた一つが、ぢばのこと。人間創造のとき、「いざなぎといざなみの身の内の、本まん中で世界中の人間を創造した」（おふでさき）そこが、ぢばであり、元の屋敷と教えられる。

この屋敷《やしき》はな、神《かみ》一条《じょう》の話《はなし》より外《ほか》には何《なに》も要《い》らん、と、神《かみ》様《さま》が仰《おお》せになりますで。

一五九「神一条の屋敷」

教会を例にとっても、祭典日、ややもすれば世間話で埋まってしまうこともありうる。土地所の陽気ぐらしの雛形《ひながた》道場なら、世間のどんな話題も人と世が救われる方向の判断で包み込み、信仰者としての考え方・生き方の指針を練り上げたい。

ぢば一《ひと》つに心《こころ》を寄《よ》せよ。ぢば一《ひと》つに心《こころ》を寄《よ》せれば、四方《ほう》へ根《ね》が張《は》る。

一八七「ぢば一つに」

四方に根が張れば、「一方流れても三方残る。二方流れても二方残る」、そして「太い芽が出る」と。ぢばは親神様のいます所。他にないたすけの根源がある。ぢばに心を寄せ、おやの心を手本に自らの心の入れ替えを忘れてはならない。

ようこそ帰《かえ》って来《き》たなあ。親神《おやがみ》が手《て》を引《ひ》いて連《つ》れて帰《かえ》ったのやで。

四四「雪の日」

大雪の日に徒歩で参拝した婦人をねぎらわれる。交通至便な現代、おぢば帰りは苦もないが、そこにもおやの導きがあると悟れる。帰り集う大勢の子供たちに、存命のおやは「ようこそ……」と、ほほ笑んでおられるのだろう。

社《やしろ》にても寺《てら》にても、詣《まい》る所《ところ》、手《て》に譬《たと》えば、指《ゆび》一本《ぽん》ずつの如《ごと》きものなり。本《もと》の地《じ》は、両手《りょうて》両指《りょうゆび》の揃《そろ》いたる如《ごと》きものなり。

一七〇「天が台」

親里ぢばは、この世と人間創造の元の神、全き守護をあまねく垂れくださる実の神のいます所だからだ。「あっちこっちとえらい遠廻《ま》わりをしておいでたんやなあ。おかしいなあ」（逸話篇・一〇）。各地の詣《まい》り所へ寄ってきた人におっしゃった声が聞こえてくる。

この屋敷《やしき》は、人間《にんげん》はじめ出《だ》した屋敷《やしき》やで。生《う》まれ故郷《こきょう》や。どんな病《やまい》でも救《たす》からんことはない。

三三「国の掛け橋」

この屋敷＝ぢばは、生命の根源、人間宿し込みの元の場所。神からの借りものであるからだは、この創造の守護あればこそ自由な活動が保証される。病は神の手引き。つくり育てた親なる神だから、どんなたすけも請け合うと。

案《あん》じる事《こと》はない。この屋敷《やしき》に生涯《しょうがい》伏《ふ》せ込《こ》むなら、必《かなら》ず救《たす》かるのや。

三三「国の掛け橋」

人間創造の元なる地「ぢば」のある屋敷。そこに一すじに心を寄せ、おやの思いに沿う働きに努めることが信仰の要点。日々《にちにち》の地道な歩みの積み重ねが種となり肥となって、うるわしい実りが約束される、と悟りたい。

この所《ところ》に喧《やかま》しく止《と》めに来《く》るのは、結構《けっこう》なる宝《たから》を土中《どちゅう》に埋《う》めてあるのを、掘《ほ》り出《だ》しに来《く》るようなものである。

一五四「神が連れて帰るのや」

弾圧きびしい時代、教祖《おやさま》は常に「ふしから芽が出る」と、明るく勇んで通られた。世間の反対も、逆に教えが広まる結果を生んだ。ぢばは、いわば宝の山。反対・攻撃の薄い今日、教えの輝きを増す努力も求められよう。

おぢばは、泣《な》く所《ところ》やないで。ここは喜《よろこ》ぶ所《ところ》や。

一〇五「ここは喜ぶ所」

その人は命のないところをたすけられた。ありがたく、うれし涙がこぼれてならなかった。子供のこの姿を見て、おやは一緒にうれし泣きされたことだろう。涙の乾いたところで、笑顔をいざなわれる。安心して心遊びを、と。

八「一寸身上《ちょっとみじょう》に」

よう帰《かえ》って来《き》たな。待《ま》っていたで。

おぢばは親の里。どんなに苦労を重ねた旅であっても、帰り着けば、このひと言で人はみな安堵《あんど》した。ホッとしてうれし涙にくれる。それぞれの土地で、人だすけに人育てに心を砕くほどに、温かみをおびて胸に迫ってくる。

この屋敷《やしき》には、働《はたら》く手《て》は、いくらでもほしい。働《はたら》かん手《て》は、一人《ひとり》も要《い》らん。

一九七「働く手は」

「この家へやって来る者に、喜ばさずには一人もかえされん」（教祖伝・第三章）というのが、おやの基本姿勢。人々に満足を与えるためには、受け入れ側にいくら手があっても、ありすぎることはない。「はたらく（側楽《ハタラク》）」行いは際限なく広がる。

この屋敷《やしき》に住《す》まっている者《もの》は、兄弟《きょうだい》の中《なか》の兄弟《きょうだい》やで。

一六三「兄弟の中の兄弟」

世界中の人間は創造のおやのもと、隔てなき兄弟姉妹《きょうだい》。兄弟姉妹ならば、いつも心にかけ、互いの足らざる面を補い合い、与え合う。〝他人〟という垣根を取り払い、たすけ合う姿がおやの望み。身近な実践が平和への一石ともなる。

いつも住《す》みよい所《ところ》へ住《す》むが宜《よ》かろう。

一四五「いつも住みよい所へ」

神戸とおぢばの間を往復して、にをいがけ・おたすけに奔走していた人へのお言葉。その人、おぢばを離れると、なぜか体調が思わしくなくなる。病は神の手引き。痛めてでも、いんねんの魂なら神が引き寄せると教えられる。

先《さき》になったら、世界中《せかいじゅう》の人《ひと》が、故郷《こきょう》、親里《おやさと》やと言《い》うて集《あつ》まって来《き》て、……何《なに》ないという事《こと》のない繁華《はんか》な町《まち》になるのや。

一八二「元の屋敷」

おぢばは「人間はじめ出したる元の屋敷」だから。この種の予言的お言葉は多く、また、そうなってきた。教えが広まったあかしだ。今後〝世界集まる楽しき日〟をより顕著にするためには、お道の人の双肩にかかるところ大といえよう。

雨降るのも神……

（親神様の守護）

上《うえ》から雨《あめ》が降《ふ》らいでも、理《り》さえあるならば、下《した》からでも水《すい》気《き》を上《あ》げてやろう。

一二二「理さえあるならば」

明治十六年の大干ばつのとき、桝《ます》井《い》伊《い》三郎《さぶろう》は、わが田には、かんろだい近くの水を頂いて、ごく少量をまいておいただけで、夫婦して野井戸の水を人さんの田ばかりに入れた。「我田引水」の逆。すると数日後、不思議なことに、わが田一面に地中から水気が浮き上がっていたという。

神《かみ》が、一度《ど》言《い》うて置《お》いた事《こと》は、千《せん》に一《ひと》つも違《ちが》わんで。

一二〇「千に一つも」

親神様の言葉も、聞く側はつい人間思案を交えて疑い深くなる。教祖《おやさま》直筆の「おふでさき」にもきっぱりと、「見えてから説いてかかるは世界並み、見えんさきから説いておくぞや」。人間は信じてもたれて、ついていけばいい。「言うて置いた通りの道になって来るねで」と続く。

神《かみ》と言《い》うて、どこに神《かみ》が居《い》ると思《おも》うやろ。この身《み》の内《うち》離《はな》れて神《かみ》はなし。又《また》、内外《うちそと》の隔《へだ》てなし。

一六四「可愛《かわい》い一杯」

「火と水とは一の神。風よりほかに神はなし」と聞かされる。世界も、人間の身の内（からだ）も、火、水、風の微妙なバランスによって、その成り立ちが保たれている。神の姿は人間の目には見えないが、そのお働きは世界と人体の精妙な営みにあらわれている。「神のかしもの・かりもの」である。

子供《こども》の方《ほう》から力《ちから》を入《い》れて来《き》たら、親《おや》も力《ちから》を入《い》れてやらにゃならん。これが天《てん》理《り》や。

七五「これが天理や」

力比べの逸話は少なくない。教祖《おやさま》が力自慢の若者と対しながら、神の存在を姿にあらわしてお見せになった。これは教祖八十三歳のときのお話。人間の方から懸命に念じ願ってくれれば、神の方もしっかり守護してやろうと。またあるときは、「神の方には倍の力や」（逸話篇・一一八、一三二）ともおっしゃっている。

人《ひと》、皆《みな》、すっきり救《たす》かる事《こと》ばかり願《ねが》うが、真実《しんじつ》救《たす》かる理《り》が大事《だいじ》やで。

一四七「本当のたすかり」

長年の足の悩みを不思議にたすけられたが、手の震えが残って苦しんでいた女性に対するお言葉。「すっきり救けてもらうよりは、少しぐらい残っている方が、前生《ぜんしょう》のいんねんもよく悟れるし、いつまでも忘れなくて、それが本当のたすかりやで」と。真のたすかりは心にある。

神《かみ》に深《ふか》きいんねんあるを以《もっ》て、神《かみ》が引《ひ》き寄《よ》せたのであ
る程《ほど》に。病気《びょうき》は案《あん》じる事《こと》は要《い》らん。

一一「神が引き寄せた」

病気は辛《つら》く苦しいもの。だが、そこには創造の親神様の思いがこもっている。「神が用に使おうと思召《おぼしめ》す者は、どうしてなりと引き寄せるから、結構と思うて、これからどんな道もあるから、楽しんで通るよう」（逸話篇・三六）。病気はいわば神の用向きによる。手引き、みちおせ（道教え）。決して忌《い》まわしいものではない。

人間《にんげん》も二百《ひゃく》、三百才《びゃくさい》まで、病《や》まず弱《よわ》らず居《お》れば、大分《だいぶ》に楽《たの》しみもあろうな。

一八五「どこい働きに」

日本人の平均寿命はいまや八十歳。だが、神様の目にはまだ先がある。「百十五歳定命《じょうみょう》と定めつけたい神の一条」（おふでさき）。しかも病まず、弱らず、心次第ではいつまでも生きさせてやろう、と。ただ長生きするだけではなく、楽しみを与えようとされるおやの慈愛の大きさを知る。

この世界中《せかいじゅう》に、何《なに》にても、神《かみ》のせん事《こと》、構《かま》わん事《こと》は、更《さら》になし。

一八五「どこい働きに」

この世は親神様のふところ住まい。個人の身の上のこと、世界のこと、すべての出来事には、いささかの狂いもなく神の思いがかかっている。月日のお働きが満ちみちている。この世に人間の陽気ぐらし世界を実現しようという、神の究極の目的があるからである。それを思うと、何事に出くわそうとも納得できてくる。

必《かなら》ず、疑《うたが》うやないで。月《つき》日《ひ》許《ゆる》したと言《い》うたら、許《ゆる》したのやで。

三四「月日許した」

をびや許しは「よろづたすけの道あけ」。人間はじめた親里から出す安産の許し。病気治しではなく、生命の誕生という〝生〟そのものに、まず守護を授けられた。「これまでのようにもたれ物要《い》らず、毒いみ要らず、腹帯要らず、低い枕で、常の通りでよいのやで」と、迷信的慣習を覆《くつがえ》された。疑う心は、人間の力の過信からか。

神様《かみさま》は、いんねんの者《もの》寄《よ》せて守護《しゅご》して下《くだ》さるねで。

九六「心の合《お》うた者」

一人の人間が一生のうちに出会う人の数はどれくらいだろうか。交通機関や情報網は発達したとはいえ、言葉を交わす人数は限られ、まして懇意になるのはひと握り。「見るもいんねん、聞くもいんねん」。身近に寄り添う人の姿はわが心の姿の投影。夫婦は兄弟の中の兄弟、とも教えられる。

人間《にんげん》の胸《むね》の内《うち》さい受《う》け取《と》りたなら、いつまでなりと、
踏《ふ》ん張《ば》り切《き》る。

一六四「可愛《かわい》い一杯」

「胸の内」とは、人の心の誠真実《まことしんじつ》のほどをいう。「口先の追従《ついしょう》ばかりはいらんもの」と教えられる。神が求められるのは真の心の誠であり、それは人をたすける心。「真実にたすけ一条の心なら、何言わいでもしかと受け取る」（いずれも、おふでさき）。実の神ならではの頼もしいお言葉だ。

花《はな》が咲《さ》くで実《み》が出来《でき》るのやで。花《はな》が咲《さ》かずに実《み》のなるものは、一《ひと》つもありゃせんで。

一五八「月のものはな、花やで」

カボチャやナスの花咲くころ、男の人に。「女は不浄やと、世上で言うけれども、何も、不浄なことありゃせんで」「女というものは、子を宿さにゃならん、一つの骨折りがあるで。女の月のものはな、花やで。花がのうて実がのろうか」。男も女も寸分《すんぶん》違わぬ神の子であると、美しく高らかにうたわれた。

親神《おやがみ》にとっては世界中《せかいじゅう》は皆《みな》我《わ》が子《こ》、一列《れつ》を一人《ひとり》も余《あま》さず救《たす》けたいのや。

第六章「ぢば定め」

「いかなる神ぞ」と問うた役人への返答。官憲の迫害干渉の始まりであった。「世界中一れつはみな兄弟姉妹《きょうだい》や、他人というはさらにないぞや」（おふでさき）。おやの思いは、子供である人間を〝一人も余さず〟たすけたい親心に尽きる。

何《なに》の社《やしろ》、何《なに》の仏《ほとけ》にても、その名《な》を唱《とな》え、後《あと》にて天理王命《てんりわうのみこと》と唱《とな》え。

一七〇「天が台」

「産土《うぶすな》の神に詣《まい》るは、恩に報ずるのである」とも教えられた。神社仏閣に参ることの意味を否定されてはいない。しかし「天理王命」をしっかり唱えることを忘れぬようにと念を押されている。やおよろずの神々の〝元の神〟だからである。

学問《がくもん》に無《な》い、古《ふる》い九億《おく》九万《まん》六千年間《せんねんかん》のこと、世界《せかい》へ教《おし》えたい。

第六章「ぢば定め」

学問は嘘《うそ》か、と問いただす神職に対してのご返答。学問領域にはない、それ以前のことを教えたい、と。九億九万年は水中の住まい、六千年は知恵の仕込み……。人間誕生の「元の理」は誠真実《まことしんじつ》の話である、と教えられる。

これが、神《かみ》の、倍《ばい》の力《ちから》やで。

一五二「倍の力」

船乗りで鍛えた力自慢でも教祖《おやさま》のお力にはかなわなかった。力比べを例にとり、真実の神は、子供である人間が力を入れてくれれば、倍の力を入れてやるとおっしゃる。「神は心に乗りて働く」（おさしづ）。心の真実を出せば神は働く、と。

神《かみ》さんの仰《お》っしゃる通《とお》りにさしてもろたら、きっと救《たす》けて下《くだ》さるで。

二四「よう帰って来たなあ」

「おふでさき」に「神の言うことに千に一つも違うことなし」と、力強くうたわれる。この世と人間をはじめた元の神・実の神だからである。どうすればたすけてもらえるか。「神さんのお伴《とも》さしてもろうて、人救《ひとだす》けに歩きなされ」と仰せられる。

一ぷくは、一寸《ちょっと》の理《り》。中《なか》に三粒《みつぶ》あるのは、一寸身《ちょっとみ》に付《つ》く理《り》。二《ふた》ふくは、六《ろっ》くに守《まも》る理《り》。三《み》ふくは、身《み》に付《つ》いて苦《く》がなくなる理《り》。……

六〇「金米糖《こんぺいとう》の御供《ごく》」

教えに、悪い数字はないというのが基本姿勢。これは御供《ごく》の効能を諭された一節。安産の許し「をびや御供」と一般の御供があり、「五《いっ》ふくは、理を吹く理。三、五、十五となるから、十分理を吹く理」と続く。「六《ろっ》く」は、陸《ろく》、平らの意。

救《たす》けてやるけれども、天理《てんり》王命《わうのみこと》と言《い》う神《かみ》は、初《はじ》めての事《こと》なれば、誠《まこと》にする事《こと》むつかしかろ。

第三章「みちすがら」

人の心とは疑い深いもの。目に見えぬ神なら、なおさら信じ難い。安産と病だすけのための「御供《ごく》」「おさづけ」は、神の存在とその働きを実感させる手段として授けられたのだろう。本当の心のたすかりはその先にある。

雨《あめ》降《ふ》るのも神《かみ》、降《ふ》らぬのも神《かみ》の自由《じゅうよう》。

第九章「御苦労」

降っても照っても天気に一喜一憂するのが人の世。思いは人それぞれ、だから泣き笑いも人それぞれ。ままならぬのが空模様なら、降ってありがとう、照ってありがとうと、神にゆだねるに限る。自分の都合を越えねばなるまい。

そっちで力《ちから》を入《い》れたら、神《かみ》も力《ちから》を入《い》れるのやで。この事《こと》は、今《いま》だけの事《こと》やない程《ほど》に。

一七四「そっちで力をゆるめたら」

力比べの逸話の一つ。人間が力を込めれば、神はそれにも増して力を加えると。努力によって運命は開かれるというが、その陰に神の働きがある。勇み心こそ神の勇みを引き出すもと。心もからだも不断の守護（働き）の中にある。

世話《せわ》さしてもらうという真実《しんじつ》の心《こころ》さえ持《も》っていたら、与《あた》えは神《かみ》の自由《じゅうよう》で、どんなにでも神《かみ》が働《はたら》く。

八六「大きなたすけ」

何か善いことをしたいと思う。が、お金がない、時間がない、できるだろうかと人間思案が先に立つ。「案じることは要《い》らんで」とおっしゃる。底なしの親切心さえあれば神が連れて通ってやろうと。たすけ合いは神の最も望むところだから。

これが、をびや許しやで。……今《いま》は柿《かき》の時《とき》やでな、柿《かき》を食《た》べてもだんないで。

一五一「をびや許し」

これほど科学が発達した現代でも、お産には昔ながらのならわしや禁忌《きんき》が根強い。あれがいけない、これがいけないと妊婦に食べ物の制約も。人間をつくった親神様だからこそ、安産を許すと、習俗を排して宣言できるのである。「だんない」は、大事ない、差しつかえないの意。

お月《つき》様《さま》が、こんなに明《あか》るくお照《て》らし下《くだ》されて居《い》る。

第三章「みちすがら」

貧のどん底にあって、月の光を頼りに糸つむぎされたときのお言葉。文明が進みネオンまばゆい都会では月の明るさは実感できないが、灯火もない難渋《なんじゅう》な生活の中に、月日・親神様の守護は切々と感じることができる、との尊いひながたであろう。

むだ花《ばな》というものは、何《な》んにでもあるけれどな、花《はな》なしに実《み》のるという事《こと》はないで。

一五八「月のものはな、花やで」

不浄という見方が強かった女性の「月のもの」を、子供という実りをもたらす〝花〟と位置づけられた。「男も女も、寸分《すんぶん》違わぬ神の子や」。役割の違いはあれ、男も女も生命の伝承という尊き業《わざ》を同等に担っている。

さあ〳〵実《じつ》があれば実《じつ》があるで。実《じつ》と言《い》えば知《し》ろまい。
真実《しんじつ》というは火《ひ》、水《みず》、風《かぜ》。

第十章「扉ひらいて」

陽光やわらかく、せせらぎ清く、風薫る季節。おやの真実の守護に浴して人間は楽しみの中に暮らすことができる。親心が天地に満ちみちているからである。人にも、嘘《うそ》偽りのない真実の心があれば、真実の守護がある、と。

魂《たましい》は親《おや》に抱《だ》かれて居《い》るで。古着《ふるぎ》を脱《ぬ》ぎ捨《す》てたまでやで。

第七章「ふしから芽が出る」

長男・秀司《しゅうじ》の出直し（死去）に際し、代わって教祖《おやさま》が「私は、何処《どこ》へも行きません」と前置きし、こう話された。肉体という衣服はなくなっても、魂は生き通し。再び新しい衣服をまとって、この世に帰ってくる。人生に絶望はない。

この世《よ》の台《だい》は、天《てん》が台《だい》。天《てん》のしんは、月日《つきひ》なり。

一七〇「天が台」

「月日がありてこの世界あり」（おさしづ）とも教えられる。月日・親神様があって世界が出来、それから人間が生まれた。人間ははるか昔から、そして高度な文明を持ったいまも、大いなる〝天〟に包まれて生きている。おごりを慎みたい。

用《よう》に使《つか》わねばならんという道《どう》具《ぐ》は、痛《いた》めてでも引《ひ》き寄《よ》せる。

三六「定めた心」

病気や事情は神の手引き、みちおせ（道教え）と教えられる。事象すべては神の意思に基づくもの。その先には陽気ぐらし世界建設という大事業が待ち構えている。引き寄せられ悟った者から、率先垂範して大事業に参画していきたい。

水《みず》を飲《の》めば水《みず》の味《あじ》がする。親神様《おやがみさま》が結構《けっこう》にお与《あた》え下《くだ》されてある。

第三章「みちすがら」

人間は天然自然に守られ、自然の〝いのち〟を頂いて生きている。食べ物も摂《と》れず、水ものどを越さない重症に苦しむ人を思えば、水一滴もありがたい。どんな環境にあっても、親神様の守護は必ず感じられるはずである。

世《せ》界《かい》一列《れつ》の人間《にんげん》は、皆神《みなかみ》の子《こ》や。何事《なにごと》も、我《わ》が子《こ》の事《こと》思《おも》てみよ。ただ可愛《かわい》い一杯《ぱい》のこと。

一六四「可愛い一杯」

親神様は、形なきところから人間を創造し、一瞬一瞬の生命活動を守護している真実の神。その親神のもとに人間はみな兄弟姉妹《きょうだい》。おやとしての思いは、人間のわが子に対する心に通じると。子の立場からは、おやの苦労の道すがらに思いをこらすことが大切ともいえよう。

親《おや》は、何《な》んにも小《ちい》さい子供《こども》を苦《くる》しめたいことはないねで。

一六一 「子供の楽しむのを」

「この神様は、可愛《かわい》い子供の苦しむのを見てお喜びになるのやないねで」。神は人間に一層の誠真実《まことしんじつ》を求められる。かといって苦しむ姿を望まれはしない。「子供の楽しむのを見てこそ、神は喜ぶのや」と。真実の掛け方が難しい。

人を救《たす》けたら……

（おつとめ、おたすけ）

救《たす》けてほしいと願《ねが》う人《ひと》を救《たす》けに行《い》く事《こと》が、一番《ばん》の御恩《ごおん》返《がえ》しやから、しっかりおたすけするように。

七二「救かる身やもの」

坐骨《ざこつ》神経痛をたすけられた人が感謝の気持ちから、ご恩報じの方法を尋ねたときのお答え。金や物でない、たすけてもらってうれしいなら、その喜びで人をたすけよ、と。具体的にどうすればいいか。「あんたの救かったことを、人さんに真剣に話《はなし》さして頂くのやで」（逸話篇・一〇〇）と説かれる。

種《たね》を蒔《ま》くというのは、あちこち歩《ある》いて、天理王《てんりわう》の話《はなし》をして廻《ま》わるのやで。

一三「種を蒔くのやで」

種は作物が実るもと。豊かな収穫を得るための最初の作業が種まきである。この世が陽気ぐらしという、うるわしい暮らしに満たされていくための第一歩が、親神・天理王命《てんりおうのみこと》のお話を広く人々に伝えてゆくこと。一粒《ひとつぶ》の真実の種は、やがて万倍の守護となってあらわれてくると教えられる。

習《なら》いにやるのでもなければ、教《おし》えに来《き》てもらうのでもないで。この屋敷《やしき》から教《おし》え出《だ》すものばかりや。

五三「この屋敷から」

「世界から教えてもらうものは、何もない。この屋敷から教え出すので、理があるのや」と続く。おつとめの鳴《なり》物《もの》は「この屋敷」＝おぢばで、教祖《おやさま》がじきじきに教えられた。「みかぐらうた」の歌と手振りもしかり。おつとめに限らず、あらゆる天理文化の創造にもあてはまろう。

人《ひと》の子《こ》を預《あず》かって育《そだ》ててやる程《ほど》の大《おお》きなたすけはない。

八六「大きなたすけ」

乳の出ない人から、子供を世話してもらいたいと懇願された婦人へのお言葉。この婦人はすでに乳が止まっていたが、「世話してもらうという真実の心さえ持っていたら、与えは神の自由《じゅうよう》で、どんなにでも神が働く」。心を定めると、果たして不思議に乳が出た。真実の心定めの肝要さが示唆される。

分《わ》からん子供《こども》が分《わ》からんのやない。親《おや》の教《おしえ》が届《とど》かんのや。

一九六「子供の成人」

「親の教が、隅々まで届いたなら、子供の成人が分かるであろ」と続く。人間はみな親神様の子供。一人も余さずたすけたい心をおかけくださる親神様の思いがわからないのは、その教えが先方に届いていないからだ、と。「あの人はわからん人だ」と言うより、まず教えを伝える側の努力こそが先決ということ。

まつりというのは、待《ま》つ理《り》であるから、二十六日《にち》の日《ひ》は、朝《あさ》から他《ほか》の用《よう》は、何《なに》もするのやないで。

五九「まつり」

「この日は、結構や、結構や、と、をや様の御恩を喜ばして頂いておればよいのやで」。天保九年十月二十六日の立教の日に基づき、本部の月々の祭典は二十六日と定められた。この世・人間をつくられた親神様の絶え間ない守護によって生かされている人間。その恩に感謝をささげる時を待つ心がけが肝要。

一粒《ひとつぶ》の真実《しんじつ》の種《たね》を蒔《ま》いたら、一年《ねん》経《た》てば二百《ひゃく》粒《つぶ》から三百《びゃく》粒《つぶ》になる。二年《ねん》目《め》には、何万《なんまん》という数《かず》になる。これを、一粒《りゅう》万《まん》倍《ばい》と言《い》うのやで。

三〇「一粒万倍」

あるとき、一粒の籾種《もみだね》を手に「人間は、これやで」とおっしゃった。一年で二百から三百粒、二年で何万粒となり、「三年目には、大和《やまと》一国に蒔く程になるで」と。「おさしづ」に「一人万人《いちにんまんにん》に向かう」とある。一人の人の心さえしっかり定まれば、神はその人の心に乗って働いてやると確約くださる。

ふた親《おや》の心《こころ》次《し》第《だい》に救《たす》けてやろう。

九「ふた親の心次第に」

親と子は密接な関係で結ばれている。「子の煩《わずら》いは親の煩い、親の煩いは子の煩い」（おさしづ）。子供（十五歳まで）に起こる出来事は親の心の姿。解決への道は、まず親の心づかいを改めることから。教祖《おやさま》は子供の親に対し「親と代わりて来い」、あるいは「男の子は、父親付きで」（逸話篇・五七）といわれた。

皆《みな》、勤《つと》める者《もの》の心《こころ》の調子《ちょうし》を神《かみ》が受《う》け取《と》るねで。

七四「神の理を立てる」

おつとめの九つの鳴物《なりもの》をつとめるに当たってのお言葉。一人の技巧がいくら上達しても、それだけで全体の快いハーモニーは生まれない。神様が受け取られるのは常に「心の調子」「真実の心」。おつとめのみならず、一つの目的に向かう人間の活動のあり方にも通じよう。

国《くに》の掛《か》け橋《はし》、丸《まる》太《た》橋《ばし》、橋《はし》がなければ渡《わた》られん。

三三「国の掛け橋」

続いて「荒《あら》木《き》棟梁《とうりょう》　々々々々」と繰り返される。この教えは広く世界に伝えねばならない。世界各地のいまだ知らない人々が最後《だめ》の教えにふれ、ぢばにつながるよう橋渡しをするのが「あらきとうりょう（未開地を切り開く人）」。〝掛け橋〟たらんとする気概ある人の輩出が求められる。

今日《きょう》は、吉《よ》い日《ひ》やな。目出度《めでた》い日《ひ》や。神様《かみさま》を祀《まつ》る日《ひ》やからな。

二七「目出度い日」

おたすけに赴かれた先で、「神様をお祀りする気はないかえ」と促し、いわゆる改式した日、「今日から、ここにも神様がおいでになるのやで」と、教祖《おやさま》はたいそうお喜びになったという。いま、各家庭で神様を祀り、朝に夕に感謝と祈りをささげる。そして、お祀りした日を月々の〝家庭の日〟としては。

なんでもどうでも子供《こども》を可愛《かわい》がってやってくれ。子供《こども》を憎《にく》むようではいかん。

一四三「子供可愛い」

親にとって子供はかわいいもの。だが、育てる中の煩《わずら》わしさや子供の行いから、愛情が憎しみに変わり、ときには不幸な事件を招くこともある。「親が怒って子供はどうして育つ」（おさしづ）。信仰のうえで人を育てるにも、おや（教祖《おやさま》）の代わりとして、満足させて連れて通ってくれ、といわれる。

子供《こども》が、親《おや》のために運《はこ》ぶ心《こころ》、これ真実《しんじつ》やがな。真実《しんじつ》なら神《かみ》が受《う》け取《と》る。

一六「子供が親のために」

危篤《きとく》の母を思うといたたまれず、十五歳の少年は教祖《おやさま》のもとへ。「せっかくやけれども、身上《みじょう》救《たす》からんで」。あきらめて帰るが母の苦しむ姿を見て、また五キロ余りの道を通った。三度目、押して「そこを何《なん》とか」と願う。すると、「救からんものを、なんでもと言うて、子供が、親のために……」と。

一日《にち》でも、人一人《ひとひとり》なりと救《たす》けねば、その日《ひ》は越《こ》せぬ。

一七七「人一人なりと」

おや（教祖《おやさま》）の子（人間）を思う限りなく厚いお心である。明治二十年、お姿をかくされたことによって様子が一変した。教祖お一人から、おさづけを戴《いただ》いたようぼく全員による世界だすけの道へ。そのお心を体して、「一日に何か一つでも人のために」が信仰者の日常の信条でありたい。

正月《しょうがつ》、一《ひと》つや、二《ふた》つやと、子供《こども》が羽根《はね》をつくようなものや。

一九「子供が羽根を」

「みかぐらうた」を自ら教えられたときのお言葉。一ッ、二ッと歌い舞う姿はちょうど子供が羽子板《はごいた》で羽根をつくようなもの、とおっしゃる。新年の晴れやかで清新な心、屈託のない幼子《おさなご》の陽気さ。欲を忘れた喜びづくめの境地が、ここにある。

人《ひと》を救《たす》けたら我《わ》が身《み》が救《たす》かるのや。

四二「人を救けたら」

他人のことに粉骨砕身していれば、われを忘れ自らの心が澄んでくる。そこに神の働きが十分に得られ、自然に病は癒《い》えていく。心は、求心より遠心運動が、より健康的なのかもしれない。人だすけは神の望みなのだから。

直《す》ぐに救《たす》けて下《くだ》さるで。あんたのなあ、親孝行《おやこうこう》に免《めん》じて救《たす》けて下《くだ》さるで。

六二「これより東」

重症の父を背負い、たすけたい一心で願い出た息子へのお言葉。「親ありて子」「親を立てるは一つの理」（おさしづ）。たとえ尊敬できない親でも、その存在がなければ自分はありえなかったという厳然たる事実がある。親を思う誠をこそ神は受け取られる。

このつとめで命《いのち》の切換《きりかえ》するのや。大切《たいせつ》なつとめやで。

第五章「たすけづとめ」

人間創造の元の場所「ぢば」は、いのちの根源。ここでつとめられる「かぐらづとめ」は、あらゆる難儀・苦悩をたすけ、親神様の恵みを広く世界に及ぼすつとめ。日々《にちにち》のおつとめもまた、新たないのちを頂く心の再生の場となる。

道《みち》は、辛抱《しんぼう》と苦労《くろう》やで。

一一五「おたすけを一条《ひとすじ》に」

おたすけ（布教）の心得を諭される。豊かな時代に辛抱、苦労は敬遠されがちだが、真の喜び「たんのう」はその中に培われる。「たんのうは、実は忍耐すること、辛抱することを覚えた後に味わえる心境」とは、中山善《なかやまぜん》衞《え》・三代真柱《しんばしら》様のお言葉。

一度《ど》船《ふな》遊《あそ》びしてみたいなあ。わしが船《ふな》遊《あそ》びしたら、二年《ねん》でも三年《ねん》でも、帰《かえ》られぬやろうなあ。

一六八「船遊び」

「船遊び」とは外国への航海の意に解される。教えが海外までも広まる日を見通されてのお言葉と伝えられるが、世界が揺れ動く今日、〝おやの道〟を宣《の》べ伝えるところは限りなくある。世界一れつの教えだからである。

この歌《うた》は、理《り》の歌《うた》やから、理《り》に合《あ》わして踊《おど》るのや。

一八「理の歌」

「みかぐらうた」はいわば実践教理。信仰生活に欠かせない教えのかなめ。意味を深く悟って、込められたおやの思いを手振りにあらわす。「ただ踊るのではない。理を振るのや」。言葉と歌と手振りで構成されているから、多くの人が参加できる。

親《おや》となれば、子供《こども》が可愛《かわい》い。

一四三「子供可愛い」

わが子と思えば、だれでも人はかわいくなる。「なんでもどうでも子供を可愛がってやってくれ。子供を憎むようではいかん」と。導きの親が信者に、上司が部下に対して、常に親という立場で世話をやくようにと教えられる。

自分《じぶん》が救《たす》かって結構《けっこう》やったら、人《ひと》さん救《たす》けさしてもらいや。

一五五「自分が救かって」

ある人がたすけられたお礼に鳥《とり》居《い》か灯籠《とうろう》をと申し出た。しかし、この道は物や金でない、人をたすけることと教えられる。その人はのちに、大教会を築くほどに布教した。形あるものでお礼していれば、それきりだったかもしれない。

人《ひと》のたすけもこの理《り》やで。心《こころ》の皺《しわ》を、話《はなし》の理《り》で伸《の》ばしてやるのやで。

四五「心の皺を」

皺紙《しわがみ》に例えてのお話。心の皺が伸びていなければ、自らの心をチェックし、直していくこともままならない。病む人、悩める人を前にしたとき、反省を促すより、まずその人の心を慰め勇ませることのほうが先決ということか。

あんたの救《たす》かったことを、人《ひと》さんに真剣《しんけん》に話《はなし》さして頂《いただ》くのやで。

一〇〇「人を救けるのやで」

たすけられたことへのご恩返しは、「人をたすけること」。ではどうすれば、と問うたときのお答えがこれ。元の神・実の神の存在と底知れぬ〝親心〟を人々に広く知らしめること。お道は即実践の教えであることも示唆されている。

流《なが》れる水《みず》も同《おな》じこと、低《ひく》い所《ところ》へ落《お》ち込《こ》め、落《お》ち込《こ》め。
表門《おもてもん》構《がま》え玄関《げんかん》造《づく》りでは救《たす》けられん。

五「流れる水も同じこと」

「神のやしろ」に定まられ、貧のどん底へ向かうときの啓示。真のたすけは、上から見下ろす立場で手を差しのべるというのではない。苦しむ人の心がわかる境遇に身を落とせ、と。人間すべてをたすけたい、おやならではのお言葉。

わしは、……七十過《す》ぎてから立《た》って踊《おど》るように成《な》りました。

第五章「たすけづとめ」

「子供の時から、陰気な者やったで、人寄りの中へは一寸《ちょっと》も出る気にならなんだが」と、こう述懐された。「みかぐらうた」の節と手振りを教え始められたのは、ちょうど七十歳。おつとめこそ、陽気ぐらしの発露。

なむてんりわうのみこと、と唱《とな》えて、手《て》を合《あ》わせて神《かみ》さんをしっかり拝《おが》んで廻《ま》わるのやで。

四二「人を救《たす》けたら」

娘の病の平癒《へいゆ》を願った父親へのお言葉。教えられたとおりに「なむ天理《てんり》王命《おうのみこと》」と、両手を合わせ神名を唱えて村中をにをいがけして回り、病む人、悩める人のいる家へは重ねて何度も足を運んで拝み続けたという。娘が全快したことは言うまでもない。

心《こころ》で弾《ひ》け。その心《こころ》を受《う》け取《と》る。

五四「心で弾け」

おつとめの鳴物《なりもの》のこと。「どうでも、道具は揃《そろ》えにゃあかんで」「稽古《けいこ》出来てなければ、道具の前に坐《すわ》って、心で弾け」と。弾けないからおつとめに加わらない、でなく、「どうでもこうでも」の前向きの気持ちが大切との教訓か。

いつも変《か》わらずお詣《まい》りなさるなあ。身上《みじょう》のところ、案《あん》じることは要《い》らんで。

六二「これより東」

病人のおたすけを願う人へのお言葉。その人は十二キロの山坂を越え祈り続けていた。暑さ寒さ、雨の日風の日もいとわず、「いつも変わらず」通い続けることは並大抵でない。しかも人のためにと。その真実が天に届く理になる。

やさしい心に……

（心の持ち方）

世界《せかい》は、この葡萄《ぶどう》のようになあ、皆《みな》、丸《まる》い心《こころ》で、つながり合《お》うて行《い》くのやで。

一三五「皆丸い心で」

ブドウのもう一つの意味について、中山善衛《なかやまぜんえ》・三代真《しん》柱《ばしら》様は、「一つひとつ（の実）が軸を通して直接養分を元から送ってもらって育っている。ちょうど私たちも、一人ひとりが直接に、親神様・教祖《おやさま》のお恵みを頂戴《ちょうだい》しながら成人するありさまと同じこと」（昭和六十年春季大祭）と。

やさしい心《こころ》になりなされや。人《ひと》を救《たす》けなされや。癖《くせ》、性分《しょうぶん》を取《と》りなされや。

一二三「人がめどか」

すべてを包みこみ相手を許す、海のような心。ただの善意、親切でなく、相手の人が心から真にたすかる方法を講じるたすけ心。その心を培うためには癖、性分を取り除く。癖、性分がときに邪魔して、親神様の教えを見えなくし、教祖《おやさま》のひながたをゆがめてしまうからである。

目《め》に見《み》える徳《とく》ほしいか、目《め》に見《み》えん徳《とく》ほしいか。どちらやな。

六三「目に見えん徳」

物がほしい、金がほしい、地位がほしい。人間の心の内奥を熟知したうえでのお言葉だろうか。「おふでさき」には「あざない（浅はかな）」人間は「見えたることをばかり言う」とあるが、こう聞かれた信仰者は、「形のある物は、失《うしの》うたり盗《と》られたりしますので、目に見えん徳頂きとうございます」と答えた。

心配《しんぱい》要《い》らんで。どんな病《やまい》も皆《みな》御守護《ごしゅご》頂《いただ》けるのやで。欲《よく》を離《はな》れなさいよ。

一〇〇「人を救《たす》けるのやで」

胸を病み、世をはかなんだ人に対するお言葉。親神様はどんな病もたすけてくださるには違いないが、その守護に浴する道は「欲を離れる」――心のほこりを払う姿勢の中に開かれる。物、金に執着する心を捨て、一心に神名を唱えて、この人は全快した。「心一条《ひとすじ》に成ったので、救かったのや」と。

狭《せま》いのが楽《たの》しみやで。……小《ちい》さいものから理《り》が積《つ》もって大《おお》きいなるのや。

一四二「狭いのが楽しみ」

いまはそびえ立つ大木でも、人目につかぬ幼木の時代を過ごしている。軽薄短小の時代といわれ、すぐ目に見える結果を求めがちだが、地道な積み重ねがあってこそ、美しい花が咲き、確かで新たな芽が出る。狭い中の不自由も将来の楽しみとしたい。

ほしい人《ひと》にもろてもろたら、もっと結構《けっこう》やないか。

三九「もっと結構」

盗人《ぬすっと》に入られたが難を逃れ、これも信心のおかげと、お礼を申し上げた信者へのお諭し。大事な家財をとられなければ結構に違いない。だが、どうでもほしい人にならもらってもらえば、もっと結構になる。どんな状況でも喜べる心が陽気づくめ。教祖《おやさま》の施しのひながたが思い浮かぶ。

ふしあって芽《め》、ふしから芽《め》が切《き》る。

一四一「ふしから芽が切る」

梅の花の季節。固いつぼみは節《ふし》から出てくる。折れやすいのもこの節目。伸びるのも節なら、折れるのも節と梅は教えてくれる。人生にはさまざまな出来事がある。順風に帆を上げているときより、逆風に身を置くときのほうが、得てして人を大きく成長させる。耐えて克服する心こそが求められる。

どんな事《こと》するのも、何《なに》するも、皆《みな》、神様《かみさま》の御用《ごよう》と思《おも》うてするのやで。

六五「用に使うとて」

私たちが携わる仕事は多種多様。どれも暮らしを営むうえで欠かせないもので、親神様の理想である陽気ぐらしを築く歩みの中にある。神様の御用と思ってすれば、「する事、なす事、皆、一粒万倍《りゅうまんばい》に受け取るのやで」。職業人であれ主婦であれ、うるわしい実りをもたらすのは、陰《かげ》日向《ひなた》ない働き、ひのきしんの態度。

木綿《もめん》のような心《こころ》の人《ひと》を、神様《かみさま》は、お望《のぞ》みになっているのやで。

二六「麻と絹と木綿の話」

麻には麻の、絹には絹の良さがある。中でも木綿はありきたりのものだが、「これ程重宝《ちょうほう》で、使い道の広いものはない。……色があせたり、古うなって着られんようになったら、おしめにでも、雑巾《ぞうきん》にでも、わらじにでもなる」。親神様の思いの実現に尽くすようぼくなら、人のため木綿の心で「はたらく（側楽《ハタラク》）」人生でありたい。

命《いのち》あっての物種《ものだね》と言《い》うてある。身上《みじょう》がもとや。金銭《きんせん》は二の切《き》りや。

一七八「身上がもとや」

「二の切り」とは二番目に大切なもの、との意。身上（からだ）が第一で金銭はその次だと。「惜しい心が強いというは、ちょうど、焼け死ぬのもいとわず、金を出しているようなものや」「二の切りを以《もっ》て身の難救《たす》かったら、これが、大難小難という理やで」。惜しみは心のほこり。

どんな新建《しんだ》ちの家《いえ》でもな、……十日《か》も二十日《はつか》も掃除《そうじ》せなんだら、畳《たたみ》の上《うえ》に字《じ》が書《か》ける程《ほど》の埃《ほこり》が積《つ》もるのやで。

一三〇「小さな埃は」

おたすけ先で相手が、わしは悪いことをした覚えはない、と言い切り、返答に困った人への説き分け。新築の家で、しかも「中に入らんように隙間《すきま》に目張りしてあっても」埃は自然に積もる。そしていつしかシミとなる。先方に「その話をしておやり」と、心のほこりを埃に例えて諭される。

人間《にんげん》も、理《り》を聞《き》いて、イガや渋《しぶ》をとったら、心《こころ》にうまい味《あじ》わいを持《も》つようになるのやで。

七七「栗の節句」

栗の節句（陰暦九月九日）に事寄せてのお言葉。「栗の節句とは、苦がなくなるということである。栗はイガの剛《こわ》いものである。そのイガをとれば、中に皮があり、又《また》、渋がある。その皮なり渋をとれば、まことに味のよい実が出て来るで」と。心に固く覆《おお》っている〝ほこり〟も、取れば人間本来の輝きが見えてくる。

心《こころ》の澄《す》んだ人《ひと》の言《い》う事《こと》は、聞《き》こゆれども、心《こころ》の澄《す》まぬ
人《ひと》の言《い》う事《こと》は、聞《き》こえぬ。

一七六「心の澄んだ人」

心の濁り、それは八つのほこりの心づかいで表現される。惜しい、欲しい、憎い、かわい、恨み、腹立ち、欲、高慢。日々、これらのほこりを払う歩みこそ信仰生活の要点。その中であらわれてくる真実の心を神が受け取る、といわれる。我欲で汚れた心から出た言葉は、神には届かない、ということ。

子供《こども》の楽《たの》しむのを見《み》てこそ、神《かみ》は喜《よろこ》ぶのや。

一六一「子供の楽しむのを」

申し訳ないという思いから塩気《しおけ》断ち、煮物《にもの》断ちをしている人に対しても、こう戒められる。神人和楽が目的の、親心に包まれたこの世界だから。といって、勝手気ままの楽しみがいいわけではないが、どんな状況でも陽気遊《ゆ》山《さん》の心で通ることが肝心と、前向きの積極的な生き方を問われるのである。

難儀《なんぎ》しようと言《い》うても、難儀《なんぎ》するのやない程《ほど》に。めんめんの心《こころ》次第《しだい》やで。

三六「定めた心」

たとえ状況は同じでも、「あること」を数えるか、「ないこと」を数えるかで、悲喜に大きく分かれる。好ましくない状態にあっても、前向きに対処すれば先行きは開けてくる。自由を許された心の持ちよう一つなのである。

人《ひと》が何《な》んと言《い》うても、言《い》おうとも、人《ひと》の言《い》う事《こと》、心《こころ》にかけるやない程《ほど》に。

四七「先を楽しめ」

ささいな出来事から根も葉もないうわさが立つことがある。それに惑わされては、信仰は固まらない。「人が何事言おうとも、神が見ている気を静め」（みかぐらうた）。案ずるより、「今日《きょう》の日、何か見えるやなけれども、先を楽しめ、楽しめ」と。

遠《とお》い所《ところ》から、ほのか理《り》を聞《き》いて、山坂越《やまさかこ》えて谷越《たにこ》えて来《き》たのやなあ。さあ〳〵その定《さだ》めた心《こころ》を受《う》け取《と》るで。

三六「定めた心」

信心を固め、徒歩で大阪から参拝してきた婦人へのお言葉。不思議にたすけられた感激は、信仰につく第一の動機となろう。だがそこに、「心定め」という固い決意があってこそ、道は始まる。その人の心に乗って神が働かれるからである。

先《さき》を短《みじ》こう思《おも》うたら、急《いそ》がんならん。けれども、先《さき》を永《なが》く思《おも》えば、急《いそ》ぐ事《こと》要《い》らん。

一三三「先を永く」

自分の目の黒いうちに事を進めようとすれば、得てして無理が生じる。自力に頼るのに対し、先を永く思うことは、神にもたれ神に身を任せることともいえる。おやの計画（かんろだい世界建設）の遠大さを心することも大切。

海《うみ》のドン底《ぞこ》まで流《なが》れて届《とど》いたから、後《あと》は結構《けっこう》やで。

二一「結構や、結構や」

「信心していて何故《なぜ》、田も山も（洪水で）流れるやろ、と思うやろうが、たんのうせよ、たんのうせよ。後々《あとあと》は結構なことやで」。どんな苦境におかれても、喜びを見いだす心さえ堅持していれば、おやは最後のところで踏ん張ってやる、とおっしゃっているよう。

人《ひと》が好《す》くから神《かみ》も好《す》くのやで。人《ひと》が惜《お》しがる間《あいだ》は神《かみ》も惜《お》しがる。人《ひと》の好《す》く間《あいだ》は神《かみ》も楽《たの》しみや。

八七「人が好くから」

村人の信望厚く、親里へ移り住む決断がつかない一家へのお諭し。人に好かれるのは外見ではなく人格・態度。ことさら、おやは心の澄んだ正直な人を待ち望まれる。神の用に使うのに歪《ゆが》みがあっては役に立たないのだから。

それは結構《けっこう》やなあ。……大《おお》きい方《ほう》でのうて、よかったなあ。

一八四「悟り方」

二番目の女の子をなくして消沈する人に、こうおっしゃった。なんとひどいことを、と、その人は思った。が、なるほど、と親心を悟った。どんな状況下に置かれても喜べる道はいくらでもあるのだ、と。お道の神髄をそこに見る。

たんのうは誠《まこと》。

一三三「先を永く」

たんのうとは、我慢でも辛抱《しんぼう》でもない。この世が神のからだであり、すべてが親神様のなさることと心底理解し心に納めることをいう。納得できれば勇んで事に当たれる。そこに誠真実《まことしんじつ》が生まれ、真実の行いに神が働く。教えの急所でもある。

あちらにてもこちらにても滑《すべ》って、難儀《なんぎ》やったなあ。
その中《なか》にて喜《よろこ》んでいたなあ。

四四「雪の日」

大雪のさなか帰ってきた婦人をねぎらってのお言葉。いかに苦しい道中でも、それを不足に思わず喜び勇んで歩を進めた。その心根が何より尊い。だから親神様が「どんな事も皆受け取る。守護するで」と。たんのうの世界だ。

心《こころ》一条《ひとすじ》に成《な》ったので、救《たす》かったのや。

一〇〇「人を救けるのやで」

「欲を離れなさいよ」。おやの言葉が胸にくい込み、お金への執着を捨てた重病の男性。一心に神名を唱え続けると、日ならずして病苦から解き放たれた。一条《ひとすじ》とは神にもたれ切ること。二筋、三筋の中途半端を戒めたい。

結構《けっこう》と思《おも》うて、これからどんな道《みち》もあるから、楽《たの》しんで通《とお》るよう。

三六「定めた心」

「神が用に使おうと思召《おぼしめ》す者は、どうしてなりと引き寄せる」と前置きして。引き寄せられた世界ふしんの人材は、雨にも風にも負けず勇んで精進せよ。素直な心で一心に神にもたれてさえいれば、何の心配もいらない、と。

小《ちい》さいのを楽《たの》しんでくれ。末《すえ》で大《おお》きい芽《め》が吹《ふ》くで。

一四二「狭いのが楽しみ」

「（見事な枝振りだとほめそやされるような）松の木でも、小さい時があるのやで」。狭いとか小さいとか口にする前に、小さく産んで大きく育てる気概をもって、喜んで楽しんで通ろう。必ずその理が積もって「大きいなるのや」と。

小《ちい》さな埃《ほこり》は、目《め》につかんよってに、放《ほう》って置《お》くやろ。
その小《ちい》さな埃《ほこり》が沁《し》み込《こ》んで、鏡《かがみ》にシミが出来《でき》るのやで。

一三〇「小さな埃は」

悪《あ》しき心づかいを〝ほこり〟に例えて戒められた一節。惜しい、欲しい、憎い、かわい……日々の生活で、小さな不満・不足は忘れがち。それがたまれば大きな汚れに固まると。ほこりは積まぬのでなく、払う積極性こそ大切。

働くというのは……

（日々の通り方）

皺《しわ》だらけになった紙《かみ》を、……丁寧《ていねい》に皺《しわ》を伸《の》ばして置《お》いたなら、何《な》んなりとも使《つか》われる。

四五「心の皺を」

たとえ一枚の紙切れにも、元こしらえた親神様の守護が、作った人々の苦心がこもっている。いつの世も変わらない。さらに続いて「人のたすけもこの理やで」と、こう教えられた。「心の皺を、話の理で伸ばしてやるのやで」「落とさずに救《たす》けるが、この道の理やで」。

内《うち》で良《よ》くて外《そと》で悪《わる》い人《ひと》もあり、内《うち》で悪《わる》く外《そと》で良《よ》い人《ひと》もあるが、腹《はら》を立《た》てる、気《き》儘《まま》癇癪《かんしゃく》は悪《わる》い。言葉《ことば》一《ひと》つが肝《かん》心《じん》。

一三七「言葉一つ」

われわれ人間のからだは、神様からの「かりもの」。その目、口、両手、両足など九つの道具は、「心一つがわがのもの」の心を上手に使ってたすけ合う、陽気ぐらしのために造られている。中でも最も直接的に周りに幸せを振りまくのも、災いを引き起こすのも、「言葉一つ」といえようか。

どんな辛《つら》い事《こと》や嫌《いや》な事《こと》でも、結構《けっこう》と思《おも》うてすれば、天《てん》に届《とど》く理《り》、神様《かみさま》受《う》け取《と》り下《くだ》さる理《り》は、結構《けっこう》に変《か》えて下《くだ》さる。

一四四「天に届く理」

仕事の内容はどうあれ、取り組む姿勢こそが問題。「天に届く理」は、まさに喜びの発露たるひのきしんにあり。続いて「なれども、えらい仕事、しんどい仕事を何《な》んぼしても、ああ辛いなあ、ああ嫌やなあ、と、不足々々でしては、天に届く理は不足になるのやで」と諭される。

朝《あさ》、起《お》こされるのと、人《ひと》を起《お》こすのとでは、大《おお》きく徳《とく》、不《ふ》徳《とく》に分《わ》かれるで。

一一一「朝、起こされるのと」

朝起き、正直、働きは、三つの宝。「この三つを、しっかり握って、失わんようにせにゃいかんで」（逸話篇・二九）と教えられる。その一つ、朝起きについて。朝は一日の始まりであり、充実した一日になるか否《いな》かは朝にある、と教示されているようだ。

世界《せかい》の人《ひと》が皆《みな》、真《ま》っ直《す》ぐやと思《おも》うている事《こと》でも、天《てん》の定規《じょうぎ》にあてたら、皆《みな》、狂《くる》いがありますのやで。

三一「天の定規」

一本のまっすぐに削られたように見える柱も、定規を当てれば少しのすき間がのぞく。人間世界でも同じこと。世間常識で、みんなが正しいと主張することも、神の目から見れば狂いがある。判断の基準を親神様の教えに求める態度、常に教えに照らして、自らを省みる謙虚さが大切である。

働《はたら》くというのは、はたはたの者《もの》を楽《らく》にするから、はたらく（註、側楽・ハタラク）と言《い》うのや。

一九七「働く手は」

人間は働くためにこの世に生まれてきたのや、とも教えられる。何も生計のための労働だけをいうのではない。周りの人が働きやすいよう面倒がらずに立ち働くこと、隣人たちが働きやすい環境づくりをすること、すべて「はたらく」。生かされている喜びの発露「ひのきしん」に通じる。

こんな皺紙《しわがみ》でも、やんわり伸《の》ばしたら、綺麗《きれい》になって、又《また》使《つか》えるのや。何《なに》一《ひと》つ要《い》らんというものはない。

六四「やんわり伸ばしたら」

逆に、包装紙一枚、丸めてしわくちゃにすれば、行きつく先はゴミ箱でしかない。丸めればゴミ、伸ばせば資源。いまいうリサイクルだろうが、教祖《おやさま》は折節に、さりげなく実践して人々に示された。この世に神様からのお与えものでない物は何一つない。物にはいのちがある。

不足《ふそく》に思《おも》う日《ひ》はない。皆《みな》、吉《よ》い日《ひ》やで。……皆《みな》の心《こころ》の勇《いさ》む日《ひ》が、一番《ばん》吉《よ》い日《ひ》やで。

一七三「皆、吉い日やで」

「世界では、縁談や棟《むね》上《あ》げなどには日を選ぶが、皆の心の勇む日が、一番吉い日やで」。たとえば「四日　仕合わせようなる」、「九日　苦がなくなる」。教祖《おやさま》の世界は、常に変わらず〝喜びさがし〟。人間かわいいゆえにつくられているこの世だから、悪い日は一日とてない。

我《わ》が事《こと》と思《おも》うてするから、我《わ》が事《こと》になる。

一九七「働く手は」

何事も、ヨソのこと、知らぬ人のことと思えば自分とかかわりのないことになる。自分のことと思えば自分のことになり、自分のことになれば、いとおしさがあふれ、何をするにも心に弾みが生まれる。「我《わが》ものとおもへば軽《かろ》し笠《かさ》の雪」（蕪村《ぶそん》）。社会の、地球の難儀・難渋《なんじゅう》の一端を〝我が事〟としたい。

すたりもの身《み》につくで。いやしいのと違《ちが》う。

一一二「一に愛想」

不要になった品や流行遅れになった物に再び光を当ててやる。廃物利用は経済観念からすればケチの対象にされがちだが、ひと工夫すれば同じ物でも新たによみがえる。すべては神様からのお与え、授かりものという発想なら、単なる「いやしい」とは次元が異なる。神の意を体するから身につくのである。

どんな花《はな》でもな、咲《さ》く年《とし》もあれば、咲《さ》かぬ年《とし》もあるで。
一年《ねん》咲《さ》かんでも、又《また》、年《とし》が変《か》われば咲《さ》くで。

一九八「どんな花でもな」

長い人生、一生懸命にやっているつもりでも、どうにもならないときがままある。挫折《ざせつ》しかかっているとき、〝おやのことば〟が心の底深くに響く。琴線に触れれば、明日への勇みがこんこんとわき出てくる。真心尽くして種をまき、丹精を怠らずに育てておけば、必ず花は咲く、と。勇気づけられる。

世界中《せかいじゅう》、互《たが》いに扶《たす》け合《あ》いするなら、末《すえ》の案《あん》じも危《あぶ》なきもない。

一九七「働く手は」

やるべき仕事はたくさんあっても、その仕事をする働き手のない家もあれば、働き手は多くあっても、する仕事のない家もある。一つの〝家〟という壁を取り払い、互いにたすけ合えば、先々の心配はなくなる。家族や共同体、民族、国家同士の関係にも当てはまる。

菜《な》の葉《は》一枚《まい》でも、粗《そ》末《まつ》にせぬように。

一一二「一に愛想」

人口およそ七十億。高度に発達した人間社会。地球は狭くなった。日常の暮らしそのものが直接世界とつながり、何らかの影響を及ぼし合う。人間一人の何げない行動の前に、いま地球があえいでいる現実を直視したい。「菜の葉一枚」が新たな意味をもって迫ってくる。石油一滴も、もちろん、しかり。

商売人《しょうばいにん》はなあ、高《たこ》う買《こ》うて、安《やす》う売《う》るのやで。

一六五「高う買うて」

一見、理屈に合わない話のように映る。その心は、問屋を倒さないよう泣かさないようにし、同時にお客にも喜んでもらい、その間で自分の商売も立っていく、共に栄える道がそこに開ける、というもの。常に相手に喜んでもらう精神とでもいおうか、この道の信仰者〝なるほどの人〟のかなめ。

皆《み》んなも、食《た》べる時《とき》には、おいしい、おいしいと言《い》うてやっておくれ。

一三二「おいしいと言うて」

「おいしいと言うて食べてもろうたら、喜ばれた理で、今度は出世して、生まれ替わる度毎《たびごと》に、人間の方へ近《ちこ》うなって来るのやで」と。元初《もとはじ》まりから虫・鳥・畜類などと数えきれぬ生まれ替わりを経て今日に至った人間。みな〝いのち〟の歴史を引き継ぐ多くの命によって支えられている。

治《おさ》まってから、切《き》ってはいかん。切《き》ったら、切《き》った方《ほう》から切《き》られますで。

三二「女房の口一つ」

夫婦の治まりを諭されてのお言葉。縁は基本的に親神様が結んでくださるもの。「前生《ぜんしょう》のいんねん寄せて守護する、これは末代《まつだい》しかと治まる」（おふでさき）。神の目から見て、釣り合った者同士のはず。それを、人間の考えから縁を切ることはどんなものかと戒められるのである。

早《はや》いが早《はや》いにならん。遅《おそ》いが遅《おそ》いにならん。

一三三「先を永く」

「急がば回れ」「急《せ》いては事をし損ずる」ということわざを思い出す。「ウサギとカメ」の話を連想する人もいるだろう。神様は手抜きやごまかしはお好きでない。人間思案の判断と神様のそれとは大きな隔たりがある。着実な誠真実《まことしんじつ》を込めた行いを求めておられる。「たんのうは誠」とも。

上《うえ》から道《みち》をつけては、下《した》の者《もの》が寄《よ》りつけるか。下《した》から道《みち》をつけたら、上《うえ》の者《もの》も下《した》の者《もの》も皆《みな》つきよいやろう。

二八「道は下から」

この教えの道は「谷底せり上げ」といわれる。たとえば、大人と子供を一堂に集めて話をする場合、子供に理解できるよう、話と言葉を選ぶのが、よりベターといえよう。常に教祖《おやさま》の基本姿勢はそこにあった。

もう少《すこ》し、もう少《すこ》しと、働《はたら》いた上《うえ》に働《はたら》くのは、欲《よく》ではなく、真実《しんじつ》の働《はたら》きやで。

一一一「朝、起こされるのと」

はたはたの者（傍《かたわ》らの者）を楽にするから「はたらく」というと、働くことの真意も教えられる。日本人の働きすぎは世界の非難の的だが、経済観念を超えたところでよく「はたらく」をして、信仰者一人から、職場を地域を風通しよくしたい。

女《おんな》はな、一に愛想《あいそう》と言《い》うてな、何事《なにごと》にも、はいと言《い》うて、明《あか》るい返事《へんじ》をするのが、第《だい》一やで。

一二二「一に愛想」

女性の社会的地位が高まり、いかに男女間の溝が埋まろうとも、もともと備わっている特性は消しようがない。男らしさ、女らしさは神の与えられた恩恵であろう。産み育ては生命の継承。〝つなぎ〟は女性特有の美性である。

親《おや》に孝行《こうこう》は、銭金《ぜにかね》要《い》らん。とかく、按摩《あんま》で堪能《たんのう》させ。

一五七「ええ手やなあ」

肩もみをしてくれた孫娘の手をなでながら、「この手は、ええ手やなあ」と、やさしい心根をほめられたという。情感あふれる光景が目に浮かぶ。母の日だ、父の日だと、ともすれば物質・商業主義に流されがちな現代への反省を促すひと言とも映る。

人間《にんげん》の反故《ほうぐ》を、作《つく》らんようにしておくれ。

一一二「一に愛想」

人みな陽気ぐらし世界建設になくてはならない人材・道具。「おさしづ」に、毎日使う道具もあれば、生涯に一度使う道具もあり、粗い作業に用いるものもあれば、細かい仕事に欠かせない道具もある、と。適材適所が人を生かす。

五ッ いつものはなしかた、六ッ むごいことばをださぬ
よふ、七ッ なんでもたすけやい、……

第六章「ぢば定め」

赤衣《あかき》を召された明治七年、一に二に三に四にと、四人の者にさづけの理を渡された。病だすけのさづけを渡された始まり。このとき、数え歌にあらわして人々の心の置きどころを教えられた。ようぼくの堅持したい日常の信条だ。

悪風《あくふう》に向《む》こうたら、つまずくやらこけるやら知《し》れんから、ジッとしていよ。又《また》、止《や》んでからボチボチ行《い》けば、行《い》けん事《こと》はないで。

一八三「悪風というものは」

この道の信仰への反対攻撃を悪風に例えて教えられる。風は勢い。はね返そうとまともに立ち向かえば、とんだケガをしかねない。性急にならず、待つこともときには必要。大きな視野の中で物事に対処する心構えともいえよう。

間《ま》違《ちが》いのないように通《とお》りなさい。間《ま》違《ちが》いさえなければ、末《すえ》は何《なに》程《ほど》結構《けっこう》になるや知《し》れないで。

一〇三「間違いのないように」

十八歳の若者へのお諭し。青年期は人格完成への途上で、いまだ将来の不透明な時代。その中、親神様の教えを頼りに歩むことの大切さを教えられたお言葉と悟れる。「親孝心」「家業第一」は若い人に対する「おかきさげ」の言葉。

亭主《ていしゅ》の偉《えら》くなるのも、阿呆《あほう》になるのも、女房《にょうぼう》の口《くち》一《ひと》つやで。

三二「女房の口一つ」

サラリーマン社会、心身ともに疲れきって家に帰り着いても、「粗大ゴミ」。これでは亭主の家庭での居場所がない。居心地よい帰る場所があってこそ、勇んで働けるというもの。子育てにおける親と子の間でも同じこと。

女房《にょうぼう》の顔《かお》を見《み》てガミガミ腹《はら》を立《た》てて叱《しか》ることは、これは一番《ばん》いかんことやで。

一三七「言葉一つ」

「内で良くて外で悪い人もあり、内で悪く外で良い人もある」「あんたは、外ではなかなかやさしい人付き合いの良い人であるが」と前置きして、こうおっしゃる。弱いところへ当たるという精神の弱さを指摘されているのだろうか。

吐《つ》く息《いき》引《ひ》く息《いき》一《ひと》つの加《か》減《げん》で内《うち》々《うち》治《おさ》まる。

一三七「言葉一つ」

お互い角突き合わせているだけでは治まることも治まらない。突く・引くタイミングを見事に心得たところに、ピッタリ「息の合った」ふたりの間柄がかなえられていく。足したり引いたりしながら毎日が「いい加減」の状態をつくる勉強だ。

聞《き》いて行《おこな》わないのは、その身《み》が嘘《うそ》になるで。

一一一「朝、起こされるのと」

「口先でなんぼ真実言うたとて、聞き分けがないおやの残念」（おふでさき）。教えを聞いて、いくらもっともらしいことを言っていても、実行が伴わなければ教えを聞き分けたことにはならない。「朝起き、正直、働き」が神の望み。

それだけの力《ちから》かえ。もっと力《ちから》を入《い》れてみなされ。

六八「先は永いで」

「力」は「真実」とも読めよう。では何をもって真実といえるのか。「もう少し、もう少しと、働いた上に働くのは、欲ではなく、真実の働きやで」（逸話篇・一一一）と。もう一層と力を入れるところに「神の方には倍の力や」（同・一二八、一三二）というお働きが頂ける。

先《さき》になったら、難儀《なんぎ》しようと思《おも》たとて難儀出来《なんぎでき》んのやで。今《いま》、しっかり働《はたら》いて置《お》きなされや。

三七「神妙《しんびょう》に働いて下されますなあ」

「若いのに、神妙《しんびょう》に働いて下されますなあ」と十八歳の女性に話された。若い時代の苦労は将来の財産となるといわれる。金もうけの苦労でなく、人を楽させる働きの積み重ねが、心を耕し、豊かな人生の実りをもたらすだろう。

蔭《かげ》日《ひ》向《なた》なく自分《じぶん》の事《こと》と思《おも》うてするのやで。

一九七「働く手は」

「（取り入れの）秋にでも、今日は（天気が）うっとしいと思うたら、自分のものやと思うて、莚《むしろ》でも何《な》んでも始末せにゃならん」と。これはだれのもの、あれはかれのものと思わず、すべて我《わ》が事と思えば、勇んで素直に実行できるというもの。

三十日《にち》は一月《ひとつき》、十二カ月《げつ》は一年《ねん》、一年中《ねんじゅう》一日《にち》も悪《わる》い日《ひ》はない。

一七三「皆、吉《よ》い日やで」

をびや許しをはじめ教祖《おやさま》は終始、古いしきたりにこだわる必要はないとおっしゃられた。縁談だから棟上《むねあ》げだからと、いちいち冠婚葬祭に合わせて、日を選ぶこともない。「皆の心の勇む日が、一番吉《よ》い日やで」と。納得。

さくいん

【あ】

悪風に向こうたら、つまずくやらこけるやら知れんから、ジッとしていよ。
又、止んでからボチボチ行けば、行けん事はないで。
（一八三「悪風というものは」） 167

朝、起こされるのと、人を起こすのとでは、大きく徳、不徳に分かれるで。
（一一一「朝、起こされるのと」） 147

あちらにてもこちらにても滑って、難儀やったなあ。その中にて喜んでいたなあ。
（四四「雪の日」） 138

あっちこっちとえらい遠廻わりをしておいでたんやなあ。……ここへお出でたら、皆んなおいでになるのに。

（一〇「えらい遠廻わりをして」） 34

雨降るのも神、降らぬのも神の自由。
（第九章「御苦労」） 69

案じる事はない。この屋敷に生涯伏せ込むなら、必ず救かるのや。
（三三「国の掛け橋」） 41

あんたの救かったことを、人さんに真剣に話さして頂くのやで。

（一〇〇「人を救けるのやで」） 108

【い】


一代より二代、二代より三代と理が深くなるねで。理が深くなって、末代の理になるのやで。

（九〇「一代より二代」） 17

一度船遊びしてみたいなあ。わしが船遊びしたら、二年でも三年でも、帰られぬやろうなあ。

（一六八「船遊び」） 103

一日でも、人一人なりと救けねば、その日は越せぬ。

（一七七「人一人なりと」） 97

五ッ いつものはなしかた、六ッ むごいことばをださぬよふ、七ッ なんでもたすけやい、……
（第六章「ぢば定め」） 166

一ぷくは、一寸の理。中に三粒あるのは、一寸身に付く理。二ふくは、六くに守る理。三ふくは、身に付いて苦がなくなる理。……

（六〇「金米糖の御供」） 67

いつも変わらずお詣りなさるなあ。身上のところ、案じることは要らんで。

（六二「これより東」） 113

いつも住みよい所へ住むが宜かろう。（一四五「いつも住みよい所へ」） 47
命あっての物種と言うてある。身上がもとや。金銭は二の切りや。（一七八「身上がもとや」） 125

【う】

上から雨が降らいでも、理さえあるならば、下からでも水気を上げてやろう。（一二三「理さえあるならば」） 50
上から道をつけては、下の者が寄りつけるか。下から道をつけたら、上の者も下の者も皆つきよいやろう。（二八「道は下から」） 161
内で良くて外で悪い人もあり、内で悪く外で良い人もあるが、腹を立てる、気儘癇癪は悪い。言葉一つが肝心。（一三七「言葉一つ」） 145
海のドン底まで流れて届いたから、後は結構やで。（二一「結構や、結構や」） 134

【お】

大きな河に、橋杭のない橋がある。……そこを一生懸命で、落ちないように渡って行くと、宝の山がある。（一七一「宝の山」） 7
多く寄り来る、帰って来る子供のその中に、荷作りして車に積んで持って行くような者もあるで。
（七九「帰って来る子供」） 31
治まってから、切ってはいかん。切ったら、切った方から切られますで。
（三二「女房の口一つ」） 159
おぢばは、泣く所やないで。ここは喜ぶ所や。
（一〇五「ここは喜ぶ所」） 43
お月様が、こんなに明るくお照らし下されて居る。
（第三章「みちすがら」） 73
親神にとっては世界中は皆我が子、一列を一人も余さず救けたいのや。
（第六章「ぢば定め」） 62
親となれば、子供が可愛い。
（一四三「子供可愛い」） 105
親に孝行は、銭金要らん。とかく、按摩で堪能させ。
（一五七「ええ手やなあ」） 164
親は、何んにも小さい子供を苦しめたいことはないねで。
（一六一「子供の楽しむのを」） 81
女はな、一に愛想と言うてな、何事にも、はいと言うて、明るい返事をするのが、第一やで。
（一一一「一に愛想」） 163

【か】

学問に無い、古い九億九万六千年間のこと、世界へ教えたい。

（第六章「ぢば定め」） 64
蔭日向なく自分の事と思うてするのやで。（一九七「働く手は」） 175
必ず、疑うやないで。月日許したと言うたら、許したのやで。（三四「月日許した」） 58
神が、一度言うて置いた事は、千に一つも違わんで。（一二〇「千に一つも」） 51
神様は、いんねんの者寄せて守護して下さるねで。（九六「心の合うた者」） 59
神さんの仰っしゃる通りにさしてもろたら、きっと救けて下さるで。（二四「よう帰って来たなあ」） 66
神さんの信心はな、神さんを、産んでくれた親と同んなじように思いなはれや。そしたら、ほんまの信心が出来ますで。（一〇四「信心はな」） 6
神と言うて、どこに神が居ると思うやろ。この身の内離れて神はなし。又、内外の隔てなし。（一六四「可愛い一杯」） 52
神に深きいんねんあるを以て、神が引き寄せたのである程に。病気は案じる事は要らん。（一一「神が引き寄せた」） 55

【き】

聞いて行わないのは、その身が嘘になるで。　（一一一「朝、起こされるのと」）　172

今日は、吉い日やな。目出度い日や。神様を祀る日やからな。　（二七「目出度い日」）　94

【く】

国の掛け橋、丸太橋、橋がなければ渡られん。　（三三「国の掛け橋」）　93

【け】

結構と思うて、これからどんな道もあるから、楽しんで通るよう。　（三六「定めた心」）　140

【こ】

ここは、人間はじめ出したる元の屋敷である。　（一八二「元の屋敷」）　35

心で弾け。その心を受け取る。　（五四「心で弾け」）　112

心の澄んだ人の言う事は、聞こゆれども、心の澄まぬ人の言う事は、聞こえぬ。　（一七六「心の澄んだ人」）　128

心一条に成ったので、救かったのや。　（一〇〇「人を救けるのやで」）　139

子供が、親のために運ぶ心、これ真実やがな。真実なら神が受け取る。（一六「子供が親のために」） 96
子供の楽しむのを見てこそ、神は喜ぶのや。（一六一「子供の楽しむのを」） 129
子供の方から力を入れて来たら、親も力を入れてやらにゃならん。これが天理や。（七五「これが天理や」） 53
この歌は、理の歌やから、理に合わして踊るのや。（一八「理の歌」） 104
この世界中に、何にても、神のせん事、構わん事は、更になし。（一八五「どこい働きに」） 57
このつとめで命の切換するのや。大切なつとめやで。（第五章「たすけづとめ」） 101
この所に喧しく止めに来るのは、結構なる宝を土中に埋めてあるのを、掘り出しに来るようなものである。（一五四「神が連れて帰るのや」） 42
この道は、身体を苦しめて通るのやないで。（六四「やんわり伸ばしたら」） 12
この道は、智恵学問の道やない。来る者に来なと言わん。来ぬ者に、無理に来いと言わんのや。（一九〇「この道は」） 9
この道は、人間心でいける道やない。天然自然に成り立つ道や。

（一七「天然自然」） 19

この道は、夫婦の心が台や。 （一八九「夫婦の心」） 27

この屋敷に住まっている者は、兄弟の中の兄弟やで。 （一六三「兄弟の中の兄弟」） 46

この屋敷には、働く手は、いくらでもほしい。働かん手は、一人も要らん。 （一九七「働く手は」） 45

この屋敷は、先になったらなあ、廊下の下を人が往き来するようになるのやで。 （六一「廊下の下を」） 32

この屋敷はな、神一条の話より外には何も要らん、と、神様が仰せになりますで。 （一五九「神一条の屋敷」） 36

この屋敷は、人間はじめ出した屋敷やで。生まれ故郷や。どんな病でも救からんことはない。 （三三「国の掛け橋」） 40

この世の台は、天が台。天のしんは、月日なり。 （一七〇「天が台」） 77

これが、神の、倍の力やで。 （一五二「倍の力」） 65

これが、をびや許しやで。……今は柿の時やでな、柿を食べてもだんないで。 （一五一「をびや許し」） 72

こんな皺紙でも、やんわり伸ばしたら、綺麗になって、又使えるのや。何一つ要らんというものはない。　（六四「やんわり伸ばしたら」）　150

【さ】

さあ〳〵実があれば実があるで。実と言えば知ろまい。真実というは火、水、風。　（第十章「扉ひらいて」）　75

先になったら、世界中の人が、故郷、親里やと言うて集まって来て、……何ないという事のない繁華な町になるのや。　（一八二「元の屋敷」）　48

先になったら、難儀しようと思たとて難儀出来んのやで。今、しっかり働いて置きなされや。　（三七「神妙に働いて下されますなあ」）　174

先は永いで。どんな事があっても、愛想つかさず信心しなされ。先は結構やで。　（六八「先は永いで」）　13

先を短こう思うたら、急がんならん。けれども、先を永く思えば、急ぐ事要らん。　（一三三「先を永く」）　133

三十日は一月、十二カ月は一年、一年中一日も悪い日はない。　（一七三「皆、吉い日やで」）　176

【し】

下から道をつけたら、上の者も下の者も皆つきよいやろう。
（二八「道は下から」） 15

しっかり踏み込め、しっかり踏み込め。末代にかけて、しっかり踏み込め。
（四一「末代にかけて」） 25

自分が救かって結構やったら、人さん救けさしてもらいや。
（一五五「自分が救かって」） 106

正月、一つや、二つやと、子供が羽根をつくようなものや。
（一九「子供が羽根を」） 98

商売人はなあ、高う買うて、安う売るのやで。
（一六五「高う買うて」） 157

皺だらけになった紙を、……丁寧に皺を伸ばして置いたなら、何んなりとも使われる。
（四五「心の皺を」） 144

真実に聞かしてもらう気なら、人を相手にせずに、自分一人で、本心から聞かしてもらいにおいで。

（一一六「自分一人で」） 18

信心は、末代にかけて続けるのやで。
（四一「末代にかけて」） 22

心配要らんで。どんな病も皆御守護頂けるのやで。欲を離れなさいよ。

（一〇〇「人を救けるのやで」）119

【す】

直ぐに救けて下さるで。あんたのなあ、親孝行に免じて救けて下さるで。
（六二「これより東」）100

すたりもの身につくで。いやしいのと違う。（一一二「一に愛想」）153

【せ】

世界一列の人間は、皆神の子や。何事も、我が子の事思てみよ。ただ可愛い一杯のこと。（一六四「可愛い一杯」）80

世界中、互いに扶け合いするなら、末の案じも危なきもない。（一九七「働く手は」）155

世界の人が皆、真っ直ぐやと思うている事でも、天の定規にあてたら、皆、狂いがありますのやで。（三一「天の定規」）148

世界は、この葡萄のようになあ、皆、丸い心で、つながり合うて行くのやで。（一三五「皆丸い心で」）116

狭いのが楽しみやで。……小さいものから理が積もって大きいなるのや。（一四二「狭いのが楽しみ」）120

世話さしてもらうという真実の心さえ持っていたら、与えは神の自由で、どんなにでも神が働く。（八六「大きなたすけ」） 71

【そ】

そっちで力を入れたら、神も力を入れるのやで。この事は、今だけの事やない程に。（一七四「そっちで力をゆるめたら」） 70

それだけの力かえ。もっと力を入れてみなされ。（六八「先は永いで」） 173

それは結構やなあ。……大きい方でのうて、よかったなあ。（一八四「悟り方」） 136

【た】

救けてほしいと願う人を救けに行く事が、一番の御恩返しやから、しっかりおたすけするように。（七二「救かる身やもの」） 84

救けてやるけれども、天理王命と言う神は、初めての事なれば、誠にする事むつかしかろ。（第三章「みちすがら」） 68

種を蒔くというのは、あちこち歩いて、天理王の話をして廻わるのやで。（一三「種を蒔くのやで」） 85

魂は親に抱かれて居るで。古着を脱ぎ捨てたまでやで。

たんのうは誠。（第七章「ふしから芽が出る」）76
（一三三「先を永く」）137

【ち】

小さいのを楽しんでくれ。末で大きい芽が吹くで。（一四二「狭いのが楽しみ」）141

小さな埃は、目につかんよってに、放って置くやろ。その小さな埃が沁み込んで、鏡にシミが出来るのやで。（一三〇「小さな埃は」）142

ぢば一つに心を寄せよ。ぢば一つに心を寄せれば、四方へ根が張る。（一八七「ぢば一つに」）37

頂上は一つやけれども、登る道は幾筋もありますで。どの道通って来るのも同じやで。（一〇八「登る道は幾筋も」）8

【つ】

吐く息引く息一つの加減で内々治まる。（一三七「言葉一つ」）171

【て】

亭主の偉くなるのも、阿呆になるのも、女房の口一つやで。（三二「女房の口一つ」）169

【と】

どうでも、人を救けたい、救かってもらいたい、という一心に取り直すなら、身上は鮮やかやで。　（一六七「人救けたら」）　11

遠い所から、ほのか理を聞いて、山坂越えて谷越えて来たのやなあ。さあ〳〵その定めた心を受け取るで。　（三六「定めた心」）　132

どんな事するのも、何するも、皆、神様の御用と思うてするのやで。　（六五「用に使うとて」）　123

どんな新建ちの家でもな、……十日も二十日も掃除せなんだら、畳の上に字が書ける程の埃が積もるのやで。　（一三〇「小さな埃は」）　126

どんな辛い事や嫌な事でも、結構と思うてすれば、天に届く理、神様受け取り下さる理は、結構に変えて下さる。　（一四四「天に届く理」）　146

どんな花でもな、咲く年もあれば、咲かぬ年もあるで。一年咲かんでも、又、年が変われば咲くで。　（一九八「どんな花でもな」）　154

【な】

流れる水も同じこと、低い所へ落ち込め、落ち込め。表門構え玄関造りでは救けられん。　（五「流れる水も同じこと」）　109

何の社、何の仏にても、その名を唱え、後にて天理王命と唱え。

（一七〇「天が台」） 63

何を聞いても、さあ、月日の御働きや、と思うよう。

（一八五「どこい働きに」） 26

菜の葉一枚でも、粗末にせぬように。

（一一二「一に愛想」） 156

なむてんりわうのみこと、と唱えて、手を合わせて神さんをしっかり拝んで廻わるのやで。

（四二「人を救けたら」） 111

習いにやるのでもなければ、教えに来てもらうのでもないで。この屋敷から教え出すものばかりや。

（五三「この屋敷から」） 86

難儀しようと言うても、難儀するのやない程に。めんめんの心次第やで。

（三六「定めた心」） 130

なんでもどうでも子供を可愛がってやってくれ。子供を憎むようではいかん。

（一四三「子供可愛い」） 95

【に】


女房の顔を見てガミガミ腹を立てて叱ることは、これは一番いかんことやで。

（一三七「言葉一つ」） 170

人間の義理を病んで神の道を潰すは、道であろうまい。
（七四「神の理を立てる」）21
人間の反故を、作らんようにしておくれ。（一一二「一に愛想」）165
人間の胸の内さい受け取りたなら、いつまでなりと、踏ん張り切る。
（一六四「可愛い一杯」）60
人間も二百、三百才まで、病まず弱らず居れば、大分に楽しみもあろうな。
（一八五「どこい働きに」）56
人間も、理を聞いて、イガや渋をとったら、心にうまい味わいを持つようになるのやで。
（七七「栗の節句」）127

【は】

働くというのは、はたはたの者を楽にするから、はたらくと言うのや。
（一九七「働く手は」）149
花が咲くで実が出来るのやで。花が咲かずに実のなるものは、一つもありゃせんで。
（一五八「月のものはな、花やで」）61
早いが早いにならん。遅いが遅いにならん。
（一三三「先を永く」）160

【ひ】

人が好くから神も好くのやで。人が惜しがる間は神も惜しがる。人の好く間は神も楽しみや。

（八七「人が好くから」） 135

人が何んと言うても、言おうとも、人の言う事、心にかけるやない程に。

（四七「先を楽しめ」） 131

人がめどか、神がめどか。神さんめどやで。

（一二三「人がめどか」） 16

人言伝ては、人言伝て。……人の口一人くぐれば一人、二人くぐれば二人。人の口くぐるだけ、話が狂う。

（一六七「人救けたら」） 10

一粒の真実の種を蒔いたら、一年経てば二百粒から三百粒になる。二年目には、何万という数になる。これを、一粒万倍と言うのやで。

（三〇「一粒万倍」） 90

人の子を預かって育ててやる程の大きなたすけはない。

（八六「大きなたすけ」） 87

人のたすけもこの理やで。心の皺を、話の理で伸ばしてやるのやで。

（四五「心の皺を」） 107

人、皆、すっきり救かる事ばかり願うが、真実救かる理が大事やで。

（一四七「本当のたすかり」） 54

人を救けたら我が身が救かるのや。（四二「人を救けたら」） 99
貧に落ち切れ。貧に落ち切らねば、難儀なる者の味が分からん。（四「一粒万倍にして返す」） 20

【ふ】
夫婦揃うて信心しなされや。（九二「夫婦揃うて」） 24
ふしあって芽、ふしから芽が切る。（一四一「ふしから芽が切る」） 122
不足に思う日はない。皆、吉い日やで。……皆の心の勇む日が、一番吉い日やで。（一七三「皆、吉い日やで」） 151
ふた親の心次第に救けてやろう。（九「ふた親の心次第に」） 91

【ほ】
ほしい人にもろてもろたら、もっと結構やないか。（三九「もっと結構」） 121

【ま】
まああ、こんな日にも人が来る。なんと誠の人やなあ。ああ、難儀やろうな。（四四「雪の日」） 30
間違いのないように通りなさい。間違いさえなければ、末は何程結構になるや知れないで。（一〇三「間違いのないように」） 168

まつりというのは、待つ理であるから、二十六日の日は、朝から他の用は、何もするのやないで。（五九「まつり」） 89

【み】

水を飲めば水の味がする。親神様が結構にお与え下されてある。（第三章「みちすがら」） 79

道は、辛抱と苦労やで。（一一五「おたすけを一条に」） 102

皆、勤める者の心の調子を神が受け取るねで。（七四「神の理を立てる」） 92

皆んなも、食べる時には、おいしい、おいしいと言うてやっておくれ。（一三二「おいしいと言うて」） 158

【む】

むだ花というものは、何んにでもあるけれどな、花なしに実のるという事はないで。（一五八「月のものはな、花やで」） 74

【め】

目に見える徳ほしいか、目に見えん徳ほしいか。どちらやな。（六三「目に見えん徳」） 118

【も】

もう少し、もう少しと、働いた上に働くのは、欲ではなく、真実の働きやで。（一一一「朝、起こされるのと」） 162

木綿のような心の人を、神様は、お望みになっているのやで。（二六「麻と絹と木綿の話」） 124

【や】

やさしい心になりなされや。人を救けなされや。癖、性分を取りなされや。（一二三「人がめどか」） 117

社にても寺にても、詣る所、手に譬えば、指一本ずつの如きものなり。本の地は、両手両指の揃いたる如きものなり。（一七〇「天が台」） 39

【ゆ】

ゆるして下さいとお願いして、神様にお礼申していたらよいのやで。（一九九「一つやで」） 14

【よ】

よいもの食べたい、よいもの着たい、よい家に住みたい、とさえ思わなかったら、何不自由ない屋敷やで。（七八「長者屋敷」） 33

よう帰って来たな。待っていたで。（八「一寸身上に」）44
ようこそ帰って来たなあ。親神が手を引いて連れて帰ったのやで。（四四「雪の日」）38
用に使わねばならんという道具は、痛めてでも引き寄せる。（三六「定めた心」）78

【り】

理が続いて、悪いんねんの者でも白いんねんになるねで。（九〇「一代より二代」）23

【わ】

我が事と思うてするから、我が事になる。（一九七「働く手は」）152
分からん子供が分からんのやない。親の教が届かんのや。（一九六「子供の成人」）88
わしは、……七十過ぎてから立って踊るように成りました。（第五章「たすけづとめ」）110

この本は、立教一五八年（一九九五年）に天理教道友社から刊行されました。

DOYUSHA BUNKO
道友社文庫

生きる言葉　天理教教祖の教え

立教174年（2011年）4月18日　初版第1刷発行
立教177年（2014年）12月26日　初版第3刷発行

編　者　天理教道友社

発行所　天理教道友社
〒632-8686　奈良県天理市三島町271
電話　0743（62）5388
振替　00900-7-10367

TENRIKYO DOYUSHA

印刷所　株式会社天理時報社
〒632-0083　奈良県天理市稲葉町80

ISBN978-4-8073-0556-8
定価はカバーに表示